Monique Kramer-Litwin

Training Intensiv

Grammatik

Französisch

Klett Lerntraining

Bibliografische Information der Deutschen Bibliothek
Die Deutsche Bibliothek verzeichnet diese Publikation in der Deutschen Nationalbibliografie; detaillierte bibliografische Daten sind im Internet über http://dnb.ddb.de abrufbar.

Auflage 4. 3. 2. 1. | 2012 2011 2010 2009
Die letzten Zahlen bezeichnen jeweils die Auflage und das Jahr des Druckes.
Dieses Werk folgt der reformierten Rechtschreibung und Zeichensetzung.

Internetadresse: www.klett.de/lernhilfen
Umschlaggestaltung: Sabine Kaufmann
Satz: Klaus Bauer, Bondorf
Reproduktion: Meyle + Müller, Medien-Management, Pforzheim
Druck: Medienhaus Plump, Rheinbreitbach
Printed in Germany.

ISBN 978-3-12-927215-2

9 783129 272152

Vorwort

„Training Intensiv Französische Grammatik Sekundarstufe II" ist ein Lern-, Wiederholungs- und Übungsbuch, das sowohl zum Selbststudium als auch im Unterricht verwendet werden kann.

Das Trainingsbuch ist vom Inhalt und Aufbau ein in sich abgeschlossener Kurs. Es behandelt Probleme, die erfahrungsgemäß Schwierigkeiten bereiten. Deshalb sind im Lern- und Regelteil sprachliche Erscheinungen, die selten zu Fehlern führen, nur kurz abgehandelt, während fehlerträchtige Probleme ausführlich dargelegt werden.

Einem oder mehreren **Beispielen** steht jeweils die daraus abgeleitete **Regel** gegenüber, d. h. alle behandelten Formen und Strukturen werden in kurzen Sätzen im Kontext erläutert, um die Regel besser begreiflich zu machen. Der **Übungsteil** ist speziell auf die Regeln abgestimmt, so dass alle angeführten Probleme eingeübt und überprüft werden können.

Die Anordnung der Übungen direkt nach den Regeln erübrigt ein ständiges Suchen und Blättern in zwei getrennten Teilen oder gar mehreren Büchern. Dies ist besonders in der Einübungs- und Festigungsphase praktisch, da bei Unsicherheiten die Regeln schnell gefunden werden können.
Das gesamte Regelwerk ist auf deutsch abgefasst, um ein sicheres und leichtes Verstehen zu gewährleisten. Sämtliche Übungsanleitungen dagegen erscheinen in Französisch. Einigen Kapiteln bzw. Unterabteilungen ist eine **Testseite** „Überprüfen Sie Ihren Wissensstand" vorgeschaltet. Der Vergleich mit den Lösungen zeigt auf einen Blick, inwieweit die betreffende sprachliche Erscheinung noch beherrscht wird. Die Spalte *références* verweist auf die Paragraphen des Regelwerks, die das jeweilige Problem behandeln. Damit wird eine individuelle Fehlerbehebung und Auffrischung der Regeln gewährleistet.

Als Übungsformen stehen lernsichere Umformungs-, Einsetz- und Angleichungsübungen im Vordergrund. Vielen Kapiteln sind meist auch leichtere Übersetzungssätze beigefügt, die zwar im Vergleich zu den anderen Übungsformen vom Lernenden erheblich mehr Wissen erfordern, ihn dadurch aber auch mehr fördern. Die Richtigkeit der Lösungen können Sie im anschließenden **Lösungsteil** überprüfen.

Viel Erfolg!

1 Der Artikel (L'article)

Überprüfen Sie Ihren Wissensstand (§§ 1–6).

Mettez l'article défini, indéfini, partitif si nécessaire:

	références
1. Rapporte-moi … kilo … pêches.	§ 2 / § 4
2. Il aime … voyages.	§ 3
3. Il n'a pas beaucoup … connaissances en mathématiques.	§ 4.2
4. On va prendre … pot ensemble?	§ 2
5. J'ai bien dîné, mais je n'ai pas bu … alcool.	§ 5.3
6. Aimes-tu … petits pains aux raisins?	§ 3
7. J'ai acheté … croissants et	§ 2.1
… pains au lait.	§ 2.1
8. Nous n'avons pas … animaux,	§ 5.2
mais nous aimerions avoir … chat.	§ 2
9. Prête-moi ta raquette … tennis.	§ 1.3.3
10. Cette ancienne élève est maintenant … secrétaire bilingue.	§ 1.3.1
11. Elle fait pas mal … natation,	§ 4.2
mais très peu … sport en général.	§ 4.2
12. Il faut … persévérance (Ausdauer) dans ce métier.	§ 3
13. Je prends une glace garnie … fruits au sirop.	§ 6.1
14. L'été dernier, nous sommes allés … Portugal	§ 1.2.3
et … Espagne.	§ 1.2.3

§ 1 Der bestimmte Artikel (l'article défini)

Formen:

le (l')	*de + le → du*	*à + le → au*
la (l')		
les	*de + les → des*	*à + les → aux*

Im Französischen – wie im Deutschen – **steht der bestimmte Artikel** bei Nomen,

§ 1.1	Sur la table il y a un **vase**: va poser **le vase** sur le buffet.	die schon erwähnt wurden
§ 1.2	Regardez, **le soleil** va disparaître tout de suite.	die einmalige Dinge oder Personen bezeichnen
§ 1.3	C'est **la pipe de** mon oncle.	die durch eine Ergänzung näher bestimmt sind.

Abweichend vom Deutschen **steht der bestimmte Artikel**

§ 1.4	Nous avons invité **les Durand**.	vor Familiennamen im Plural
§ 1.5	le colonel Garnier le docteur Rochard Mes hommages, monsieur le Ministre. **Aber:** Bonjour, docteur/maître.	vor Titel + Personennamen, auch in der Anrede nach *monsieur* + Titel
§ 1.6	l'Europe, la France, la Seine, l'Alsace, la Bretagne, la Suisse, le Luxembourg etc.	vor geographischen Bezeichnungen

Beachte:

Il nous a écrit **de France**.
Nous irons **en Angleterre**.
de / *en* } + **weiblicher** Ländername

Il nous a écrit **du Brésil**.
Nous irons **au Portugal**.
du / *au* } + **männlicher** Ländername

§ 1.7	**Le samedi**, il va toujours à la discothèque. (jeden Samstag) **Aber:** Samedi dernier, il n'y est pas allé.	vor Wochentagen, wenn die Regelmäßigkeit oder Gewohnheit ausgedrückt wird (montag**s** etc.) **Aber:** Beim letzten oder kommenden (Montag etc.) steht kein Artikel.
§ 1.8	**Le chien** est l'ennemi **du chat**. **Les hommes** sont supérieurs **aux animaux**.	vor Nomen, die eine Gattung bezeichnen
§ 1.9	**Le riz** est un aliment nutritif. Il ne supporte pas **l'alcool**. **Le sommeil** et **le repos** sont nécessaires à **la santé**.	vor Stoffnamen und abstrakten Begriffen

Der bestimmte Artikel steht nicht

§ 1.10	Il est coiffeur et sa femme est esthéticienne.	bei Nomen, die als prädikative Ergänzung stehen
§ 1.11	Mme Michelet, avocate à Tours, doit se rendre à Paris.	bei Appositionen
§ 1.12	un jet d'eau une grappe de raisin une place de théâtre etc.	zwischen zwei Substantiven, die durch eine Präposition verbunden und zu einem Begriff geworden sind.

Beachte:
Bei einer Aufzählung von Substantiven **muss** der Artikel **vor jedem** Substantiv **wiederholt** werden:

J'ai vu **les** montagnes, **les** vallées et **les** torrents des Pyrénées.

§ 2 Der unbestimmte Artikel (l'article indéfini)

Formen: *un* *une* *des*

Der Gebrauch im Plural ist abweichend vom Deutschen.

§ 2.1	Maman prépare **des escalopes**. Michel fait cuire **des pâtes**.	**Im Plural** bezeichnet er eine **unbestimmte Menge zählbarer Dinge**. Im Deutschen: kein Artikel („Nullartikel")
§ 2.2		Vor der Gruppe **Adjektiv + Nomen** steht im Plural
	Nous avons cueilli **des gros raisins**.	a) *des* + Adjektiv + Nomen (gesprochene Sprache)
	Nous avons cueilli **de gros raisins**.	b) *de* + Adjektiv + Nomen (gehobene und geschriebene Sprache)
	Nous avons rencontré **des jeunes filles**. As-tu rapporté **des petits pains**?	c) *des* + fester Begriff wie *des jeunes filles:* Mädchen *des petits pains:* Brötchen etc.

§ 3 Der Partitiv (l'article partitif)

Formen: *du (de l')* *de la (de l')*

Der Partitiv steht bei Nomen, die **neu** im Text eingeführt werden und die **nicht zählbare** Dinge bezeichnen:

§ 3.1	Verse-moi encore **du café**. Veux-tu **de la confiture**?	unbestimmte Menge eines Stoffes Im Deutschen: Nullartikel
§ 3.2	Il m'a fallu **du sang-froid** pour rester calme. Elle fait **de la danse** classique.	abstrakte Begriffe, die nicht als Allgemeinbegriffe verwendet werden. Im Deutschen: Nullartikel

Beachte:
Nach ***aimer (mieux)*** und ***préférer*** können, mit Bedeutungsunterschied, sowohl der Partitiv als auch der bestimmte Artikel stehen.

Partitiv: Que préfères-tu, **du** chocolat chaud ou **du** lait froid? Je préférerais/aimerais mieux **du** chocolat chaud.	**Partitiv:** Was hast du **jetzt, in diesem Augenblick, in dieser Situation** lieber?
bestimmter Artikel: Je préfère/j'aime **le** chocolat chaud.	ich mag lieber/gern … **im Allgemeinen**

§ 4 Der Artikel bei Mengenbegriffen (de partitif)

Nach Ausdrücken, die die Menge näher bestimmen, steht ***de*** **+ Nomen ohne Artikel**. Solche Mengenbegriffe sind:

§ 4.1	une foule de spectateurs une poignée de terre un tas de sable une boîte de biscuits un verre de lait	**Nominalgruppen:** *une foule de, une poignée de, un tas de, une boîte de, un verre de, une bouteille de, une caisse de* etc.
§ 4.2	assez de travail beaucoup de bêtises trop d'enfants combien de temps	**Adverbien der Menge:** *assez de, peu de, beaucoup de, combien de, trop de* etc. Zählbare Dinge stehen im Plural.

Beachte:
Nach ***la plupart, bien*** **(= sehr viele)*****, la moitié, le tiers, le quart*** etc. steht ***de*** **+ Artikel**

La plupart des élèves passe**nt** dans la classe supérieure.
Voilà **bien des** cadeaux!
Le cinquième de la population …

§ 5 Der Artikel in verneinten Sätzen

§ 5.1	Tu vois **le** résultat? Non, je ne vois **pas le** résultat.	der bestimmte Artikel bleibt
§ 5.2	Tu attends **des** amis? Non, je n'attends **pas d'**amis.	der unbestimmte Artikel wird zu ***de***
§ 5.3	Tu as encore **du** thé? Non, je n'ai **plus de** thé.	der Partitiv wird zu ***de***

Beachte:
Nach verneintem ***être*** treten **keine Veränderungen** auf.

C'est **une** fille?
Non, ce **n'est pas une** fille.
Ce sont **des** enfants?
Non, ce **ne sont pas des** enfants.

§ 6 Der Artikel in festen Wendungen und nach Präpositionen

§ 6.1	Êtes-vous **sans argent**? Il mène une vie **sans problèmes**. Le salon est **garni d'objets** rustiques.	Nach den Präpositionen ***sans*** und ***de*** stehen **weder Partitiv noch der unbestimmte Artikel im Plural.**
§ 6.2	avoir { les cheveux longs / les dents bien plantées / les yeux marron avoir { le temps de + Infinitiv / le téléphone/le gaz	In einer Reihe von Gallizismen **steht der bestimmte Artikel.**

§ 6.3	avoir	faim/soif chaud/froid besoin de envie de peur honte tort bonne/mauvaise mine	Nach einigen festen Wendungen **steht kein Artikel**. Hier die Auflistung der wichtigsten.
	prendre	feu garde fin possession de qc	
	rendre	compte justice service	
	demander pardon trouver moyen de faire qc		
	faire	peur pitié tort plaisir fortune part de qc à qn attention défaut (jdm. fehlen) erreur	
	perdre	courage haleine connaissance patience	
	donner	ordre de faire qc. tort à qn raison à qn	
	porter	bonheur malheur	

1

Mettez l'article défini, indéfini ou partitif si nécessaire:

Une vocation de médecin

1. Dis-moi, Mathieu, que veux-tu faire plus tard?
2. Je serai ... médecin.
3. C'est ... belle profession, mais pourquoi l'as-tu choisie?
4. Parce que je gagnerai beaucoup ... argent et pourrai m'acheter un tas ... choses.
5. C'est ... seule raison? Il faut aussi ... qualités pour devenir ... médecin: ... dévouement, ... patience, ... endurance, ... bonne santé.
6. Bien sûr. Ce n'est pas seulement ... argent qui m'attire. J'aimerais soigner ... gens ou aller chez ... malades qui ne peuvent pas se déplacer. C'est ... métier où on peut toujours rendre ... service et faire ... plaisir. Quand on aura ... besoin de moi, je trouverai toujours ... moyen d'aider.
7. Auras-tu encore ... temps de sortir avec ta femme et de prendre ... part à ... vie de famille? Et si tu as ... envie de jouer ... tennis, tu devras d'abord penser ... malades.
8. Tu as ... tort de penser ainsi. Je ferai ... attention à ce que ... travail ne prenne pas ... trop grande place dans ma vie.
9. Je crois que tu ne te rends pas ... compte de ce qu'est ... vie de ... médecin. Je ne veux pas te faire ... peur, mais j'ai ... bons copains dont ... père est ... chirurgien. Ils se plaignent de ne jamais le voir et de passer la plupart ... jours fériés sans ... grand plaisir, car il n'y a que ... mère qui soit à ... maison.
10. Je ne veux pas donner ... tort à ... père de tes amis, mais il a peut-être trop ... clients et travaille à perdre ... haleine. J'essaierai de concilier les deux: ... travail et ... famille.

Des vacances réussies

1. Alain, parle-moi de tes vacances. Il paraît que c'était formidable!
2. Ça, tu peux le dire ... hôtel où nous avons passé quinze jours est super. Il est construit en bordure de ... plage Ste. Marguerite. Il faut juste traverser ... vaste pelouse où ... estivants sont couchés sur ... lits roulants.
3. Est-ce qu'il y a aussi ... piscine ... eau douce?
4. Oui, devant ... salle de restaurant. Après ... petit déjeuner on pourrait se jeter à ... eau si on ne mangeait pas tant ... choses.
5. Qu'est-ce qu'il y a à ... petit déjeuner?
6. C'est ... buffet froid et chaud. On peut choisir ... boisson qu'on préfère. Il y a ... thé, ... café, ... chocolat, ... jus d'orange et même ... citrons pressés.
7. Et qu'est-ce qu'il y a à manger?
8. ... petits pains, ... croissants, ... gâteaux secs, ... beurre, ... miel, ... confiture; mais depuis un an, on ne peut plus avoir ... œufs sur le plat ni ... saucisses chaudes; ... gens se servaient trop bien et ... patron a décidé de préparer moins ... sortes de mets.
9. Combien ... tasses ... chocolat peut-on boire?
10. Tu bois ... litre ... chocolat si tu en as ... envie! Mais laisse-moi te parler de ... discothèque qui est toute garnie de ... fauteuils bleus et éclairée de ... lumières multicolores. Le bar est sans ... boissons alcoolisées mais ça ne gêne pas ... jeunes qui veulent danser ... essentiel, c'est que ... musique soit bonne.
11. Est-ce que tu as trouvé ... petite amie, là-bas?
12. Oui, ... Hollandaise très mignonne qui avait ... peau bien bronzée et qui connaissait énormément ... mots en français. Seulement je n'avais pas assez ... argent de poche pour lui offrir ... coca, alors elle a préféré sortir avec ... Allemand qui avait toujours pas mal ... fric sur lui.
13. Tu n'as pas eu ... chance, mais ce sont quand même ... vacances comme j'aimerais en passer.

2

Mettez l'article défini, indéfini, partitif selon le cas:

1. Nous avons acheté ... fruits: ... livre ... pommes et ... kilo ... poires.
2. Nous n'avons pas pris ... bananes. Elles n'étaient plus bonnes.
3. Avec cette grippe, la moitié ... élèves sont malade et la plupart ... professeurs aussi.
4. Va chercher une bouteille ... jus de cassis.
5. Ils ont rapporté une quantité ... coquillages et énormément ... algues séchées.
6. Ses amis ont déjà visité toute ... Europe: ... France, ... Italie, ... Grèce, ... Turquie, ... Danemark, ... Benelux et beaucoup ... autres pays encore.
7. Mais c'est très bien, ainsi ils savent comment vivent les gens (in) ... France, ... Italie, ... Grèce, ... Turquie, ... Danemark, ... Benelux, dans toute ... Europe, quoi!
8. Au cours du vol, nous avions ... vue magnifique sur ... montagnes, ... vallées, ... forêts, ... fleuves, ... villes, sur tout ... paysage.
9. Pourrais-je avoir ... rendez-vous chez ... maître Diguet?
10. Tu devrais inviter ... Martinon; ils sont très sympathiques.
11. Quand nous irons à Paris, nous ferons ... promenade en bateau-mouche sur ... Seine.
12. Il te faudra ... résistance physique pour pratiquer ce sport.
13. Regarde, j'ai rapporté ... petits fours (= feines Teegebäck).
14. On pourrait garnir la table de ... bouquets, ce serait plus joli.
15. ... chien est le compagnon fidèle de ... homme.
16. En voyant ce vagabond, j'ai éprouvé ... pitié.
17. Je ne supporte pas ... café, aussi vais-je prendre ... thé.
18. Peux-tu me conseiller ... bons romans?
19. Pour adhérer à ce club, il faut une carte ... membre.
20. Que font Bernard et sa femme? – Lui est ... dentiste, elle est ... assistante médicale.

3

Traduisez:

1. Ich mag Topfpflanzen nicht, bring mir Blumen mit.
2. Was haben Sie von Marokko mitgebracht?
3. Teigwaren sind das Nationalgericht (le plat national) der Italiener.
4. Mittwochs gehe ich immer einkaufen.
5. Am kommenden Freitag werde ich ins Kino gehen.
6. Diese Kollegen haben ein Jahr in Argentinien verbracht.
7. Nehmen Sie noch ein Glas Wein?
8. Ich hätte gern Gewürzgurken (les petits cornichons).
9. Dr. Grilly, Landarzt in La Motte, hat viele Patienten.
10. Jeden Morgen macht sie Gymnastik.
11. Viele Schriftsteller haben die Liebe als Thema (comme sujet) gewählt.
12. Ich nasche (grignoter) gern, aber ich esse nie Süßigkeiten (les friandises, f.).
13. Schenke ihr doch eine Kristallflasche und Cognac.
14. Man braucht manchmal Hilfe.
15. Wir kennen sie gut, aber es sind keine Freunde.
16. Gastiauds Haus ist mit Antiquitäten möbliert.
17. Dieses Jahr haben wir keine CD gekauft; wir haben schon genug klassische Musik.
18. Da die Schüler sehr laut waren, hat der Lehrer die Geduld verloren.
19. Wir haben nie Schwierigkeiten mit den Nachbarn gehabt.
20. Wie viele Kinder haben Loisels?

4

Mettez l'article défini, indéfini, partitif demandé par le sens:

Texte A

Après …[1] dîner, il se promenait seul dans …[2] jardin; il prenait …[3] petite Berthe sur ses genoux et, déployant son journal de médecine, essayait de lui apprendre à lire. …[4] enfant, qui n'étudiait jamais, ne tardait pas à ouvrir …[5] grands yeux tristes et se mettait à pleurer. Alors il la consolait, il allait lui chercher …[6] eau dans …[7] arrosoir pour faire …[8] rivières sur …[9] sable, ou cassait …[10] branches des troènes pour planter …[11] arbres dans …[12] plates-bandes, ce qui gâtait peu …[13] jardin, tout encombré …[14] longues herbes; on devait tant …[15] journées à Lestiboudois! Puis …[16] enfant avait froid et demandait sa mère.

Gustave Flaubert: Madame Bovary, Ed. J'ai lu, 1961 (page 360)

Texte B

Un matin, la panthère s'éveilla plus frileuse qu'à …[1] ordinaire et alla à …[2] fenêtre, comme elle faisait maintenant chaque jour. Dehors, tout était blanc, …[3] cour, …[4] jardin, …[5] plaine jusqu'à …[6] loin, et il tombait …[7] gros flocons …[8] neige. De joie, …[9] panthère se mit à miauler et sortit dans …[10] cour. Ses pattes s'enfonçaient sans …[11] bruit dans …[12] couche mœlleuse, et …[13] duvet qui neigeait sur sa robe était si fin qu'elle en sentait à peine …[14] caresse. Il lui semblait retrouver …[15] grande lumière …[16] matins …[17] été, et, en même temps, sa vigueur d'autrefois. Elle se mit à courir sur les prés, à danser et à sauter, jouant …[18] deux pattes avec …[19] flocons blancs. Parfois, elle s'arrêtait, se roulait dans …[20] neige et repartait de toute sa vitesse. Après deux heures …[21] course et …[22] jeux, elle s'arrêta pour reprendre …[23] haleine et se mit à frissonner. Inquiète, elle chercha des yeux …[24] maison et s'aperçut qu'elle en était très loin. Il ne neigeait plus, mais …[25] vent âpre commençait à souffler. Avant de rentrer, …[26] panthère s'accorda …[27] moment …[28] repos et s'allongea dans …[29] neige. Jamais elle n'avait connu …[30] lit aussi doux, mais quand elle voulut se lever, ses pattes étaient engourdies et …[31] tremblement agitait son corps …[32] maison lui parut si loin, …[33] vent qui courait sur …[34] plaine était si pénétrant, que …[35] courage lui manqua pour reprendre sa course.

Marcel Aymé: Les contes du chat perché, Ed. folio 1982 (pages 248–249)

2 Das Nomen (Le nom)

Bei der Verwendung eines Nomens treten 2 Hauptfragen auf.

1. Welches Geschlecht hat das Nomen?
2. Wie lautet die Pluralform?

§ 7 Das Geschlecht der Nomen (le genre des noms)

Das Geschlecht der Nomen muss im Einzelnen gelernt werden. Jedoch kann man es oft an der **Endung** erkennen.

Endungen männlicher Nomen:

§ 7.1	Endung	Beispiele	Sonderfälle
	-age	le garage, un étage	la cage, une image, la nage, la page, la plage, la rage (*-age* ist hier keine Endung)
	-ège	le collège, le cortège	
	-ail	le corail, le travail	
	-al	le journal, le cheval	
	-eau	le rideau, le bureau	
	-ent	l'argent, le talent	la dent
	-et	le poulet, le ticket	
	-ier	le panier, le rosier	
	-isme	le cubisme, le romantisme	
	-ment	le moment, le logement	la jument (die Stute)
	-on	le coupon, le ballon	
	-oir	le dortoir, le miroir	

Endungen weiblicher Nomen:

§ 7.2	Endung	Beispiele	Sonderfälle
	-ade	la salade, la promenade	
	-aille	la bataille, la pierraille	
	-aine	la douzaine, une dizaine	le capitaine
	-aison	la cargaison, la comparaison	
	-ance	la souffrance, l'aisance	
	-eille	la merveille, la bouteille	
	-elle	la gamelle, la tourelle	
	-ence	une exigence, l'essence	
	-esse	la finesse, la politesse	
	-ette	la banquette, la kitchenette	
	-eur	(Abstrakta!) la chaleur	un honneur, le labeur
	-ion	la nation, la religion	
	-ique	la politique, l'informatique	
	-ise	la gourmandise, la bêtise	
	-son	la maison, la chanson	le blouson
	-té	(Abstrakta!) la bonté, la charité, la sainteté	le côté, le traité, un été, le précipité
	-tié	la moitié, la pitié	
	-ure	la blessure, la morsure	

Nomen mit doppeltem Geschlecht und verschiedener Bedeutung:

§ 7.3	Maskulin		Feminin	
	un aide	Gehilfe	une aide	Gehilfin; Hilfe
	le critique	Kritiker	la critique	Kritik
	le garde	Wachposten, Wärter	la garde	Bewachung, Wache
	le livre	Buch	la livre	Pfund
	le manche	Stiel (e-s Gerätes)	la manche	Ärmel
	le manœuvre	Hilfsarbeiter	la manœuvre	Handhabung (Maschine) Manöver
	le mode	Modus, Art und Weise	la mode	Mode
	le parti	(Politik) Partei	la partie	Teil, Partie (Spiel)
	le pendule	Pendel	la pendule	Wanduhr
	le physique	Aussehen, Äußeres	la physique	Physik
	le poêle	Ofen	la poêle	Bratpfanne
	le poste	(mil.) Posten; Stelle; Radio-/Fernsehgerät	la poste	Post(amt)
	le voile	Schleier	la voile	Segel
	le moral	Stimmung, innere Verfassung	la morale	Sittenlehre, Moral (auch e-r Fabel)
	le vase	Vase	la vase	Schlamm

Ähnlichklingende Nomen mit unterschiedlichem Geschlecht im Deutschen und Französischen:

§ 7.4	le banc	die (Sitz-)Bank	une alarme	ein Alarm
	le chocolat	die Schokolade	une ancre	ein Anker
	le cigare	die Zigarre	une auto	ein Auto
	le contrôle	die Kontrolle	la danse	der Tanz
	le domaine	die Domäne, der Bereich	la date	das Datum
			une interview	ein Interview
	un épisode	eine Episode	la photo	das Photo
	le geste	die Geste	la planète	der Planet
	le groupe	die Gruppe	la radio	das Radio
	le masque	die Maske	la salade	der Salat
	un opéra	eine Oper	la salle	der Saal
	le plat	die Platte (Gericht); Schüssel		
	le rôle	die Rolle		
	le tube	die Tube		
	un uniforme	eine Uniform		

Auch die **Bedeutung** des Nomens kann zur Geschlechtsbestimmung herangezogen werden.

Maskulin sind:

§ 7.5.1	le poirier, le pommier, le chêne, le bouleau	Namen von Bäumen **aber:** *la vigne* (Weinstock)
§ 7.5.2	le sud, le nord, l'est, l'ouest	Himmelsrichtungen
§ 7.5.3	le printemps, un hiver froid Août a été chaud. le lundi (montags)	Jahreszeiten, Monate, Wochentage
§ 7.5.4	le bronze, le fer, le cuivre, le chlore, le soufre (Schwefel)	Metalle und chemische Elemente
§ 7.5.5	le français, le hollandais	die Namen der Sprachen
§ 7.5.6	le Concorde, le Mirage le France, le Normandie	die Eigennamen von Flugzeugen und Schiffen
§ 7.5.7	le Brésil, le Maroc, le Danemark, le Pérou le Rhin, le Missouri	Länder- und Flussnamen, die im Schriftbild auf **Konsonant** oder einen **anderen Vokal als** ***-e*** enden
§ 7.5.8	un ananas, un melon, un citron, un abricot, un kiwi	Früchtenamen, die im Schriftbild auf **Konsonant** oder einen **anderen Vokal als** ***-e*** enden

Feminin sind:

§ 7.5.9	la pomme, la poire, la cerise, la prune, la banane, la fraise	Namen von Früchten auf *-e* **aber:** *le pamplemousse*
§ 7.5.10	la Mercedes, la Peugeot, la Clio	die Namen der Automarken und -typen *(la voiture)*
§ 7.5.11	la médecine, la pharmacie, la philosophie, la physique	die Namen der Wissenschaften **aber:** *le droit* (Rechts~)
§ 7.5.12	la caféine, la cocaïne, la nicotine, la saccharine	die chemischen Stoffe auf *-ine*
§ 7.5.13	la France, l'Espagne la Seine, la Moselle, la Vistule (Weichsel) la Meuse (Maas)	die Länder und Flüsse, die im Schriftbild auf *-e* enden. **aber:** *le Mexique, le Rhône,* *le Danube* (Donau)

Bei vielen Nomen, die Personen bezeichnen, wird das Femininum durch eine eigene Endung gekennzeichnet:

§ 7.6	-ant	-ante	un passant, une passante
	-ent	-ente	un client, une cliente
	-an	-ane	un artisan, une artisane **aber:** un paysan, une paysanne
	-ain	-aine	un Marocain, une Marocaine
	-(i)en	-(i)enne	un gardien, une gardienne
	-in	-ine	un voisin, une voisine
	-(i)on	-(i)onne	un baron, une baronne
	-(i)er	-(i)ère	un caissier, une caissière
	-eur	-euse	un coiffeur, une coiffeuse
	-teur	-trice	un directeur, une directrice **aber:** un menteur, une menteuse un chanteur, une chanteuse

Merke: keine weibliche Form haben:

§ 7.7	l'architecte	le chef	l'amateur
	le diplomate	l'écrivain	l'assassin
	l'ingénieur	le guide	le connaisseur
	le médecin	le juge	l'expert
	le ministre	le maire	le successeur
	le professeur	le peintre	le témoin
	le reporter	l'auteur	le vainqueur

Geht aus dem Textzusammenhang nicht hervor, dass es sich um eine Frau handelt, so wird diesen Nomen ***femme*** vorangestellt.

Beispiel: Mme Duval est **le professeur** de français de Nicole.
Il y a peu de **femmes médecins** dans cet hôpital.

1

Mettez l'article qui convient (§ 7.1–2):

1. ... liaison
2. ... ménage
3. ... qualité
4. ... partage
5. ... munition
6. ... manchette
7. ... chauvinisme
8. ... fraternité
9. ... trottoir
10. ... corset
11. ... langage
12. ... condition
13. ... cage
14. ... passage
15. ... liberté
16. ... fureur
17. ... classicisme
18. ... bouteille
19. ... pagaille (Durcheinander)
20. ... arrivée
21. ... rivage
22. ... intention
23. ... terreur
24. ... nouveauté
25. ... entonnoir
26. ... entrée
27. ... commission
28. ... loyauté
29. ... fourchette
30. ... patrie
31. ... déguisement
32. ... gallicisme
33. ... marché
34. ... soleil
35. ... couleur
36. ... occasion
37. ... carnaval
38. ... boudoir
39. ... rage
40. ... fertilité
41. ... cortège
42. ... erreur
43. ... côtelette
44. ... coton
45. ... couronne
46. ... étage
47. ... bonté
48. ... couteau
49. ... crayon
50. ... coupelle (kleiner Kelch)
51. ... couloir
52. ... talon
53. ... honneur
54. ... crépitement (Knistern)
55. ... soirée
56. ... grandeur
57. ... quinzaine
58. ... crochet
59. ... canal
60. ... traité
61. ... invention
62. ... culpabilité
63. ... poubelle (Mülleimer)
64. ... pragmatisme
65. ... canaille (Gesindel)
66. ... propriété
67. ... surprise
68. ... pureté
69. ... privilège
70. ... prévention
71. ... croissance
72. ... épuisement
73. ... prévenance (Zuvorkommenheit)
74. ... raideur
75. ... valise
76. ... rameau (Zweig)
77. ... rationalisme
78. ... rançon (Lösegeld)
79. ... regret
80. ... douceur
81. ... réveil
82. ... image
83. ... centaine
84. ... rival
85. ... régal
86. ... puissance
87. ... méprise
88. ... plage
89. ... bêtise
90. ... manteau
91. ... côté
92. ... dent
93. ... fourrure

2

Mettez l'article demandé par le sens (§ 7.3):

1. Hier, j'ai acheté ... (ein) livre de beurre.
2. Va à ... poste acheter des timbres.
3. ... manche de ce balai est trop court(e).
4. ... voile de son bateau s'est déchiré(e) dans la tempête.
5. ... moral(e) des soldats était excellent(e).
6. Allume ... poêle, il fait froid.
7. Quand est-ce que ... parti(e) de ping-pong sera terminé(e)?
8. ... physique est une science.
9. Cet auteur n'a écrit qu' ... (ein) livre.
10. Les bonnes sœurs (Nonnen) portent ... voile.
11. Mets les fleurs dans ... vase qui est sur la table.
12. Il a de la confiture sur ... manche de sa chemise.
13. Je ne comprends pas ... moral(e) de ce texte.
14. ... pendule a sonné trois heures.
15. ... parti(e) socialiste a gagné les élections.
16. ... manœuvre qui a fait ce travail a perdu ... (sein) poste.
17. Est-ce que tu as lu ... critique du film d'hier soir?
18. Il a allumé ... poste de radio pour écouter les informations.
19. Mets les côtelettes dans ... poêle.
20. Je ne connais pas ... critique qui a écrit cet article.
21. ... garde de cet immeuble ne nous a pas laissé entrer.
22. ... vase sur la plage provient d'une grande marée (starke Flut).
23. ... mode de Paris est célèbre dans le monde entier.

3

Mettez l'article qui convient (§ 7.4–5):

1. ... Citroën de mon père a trois ans.
2. Il parle couramment ... portugais.
3. Veux-tu manger ... (ein) pêche ou ... (ein) abricot?
4. ... cigare que tu fumes sent vraiment bon.
5. Dans cette pièce de théâtre, il joue ... rôle de Panurge.
6. On a découvert ... (einen neuen) planète.
7. Martine n'aime pas ... salade.
8. ... Concorde mettait six heures pour aller de Paris à New York.
9. L'effet nocif (schädlich) de ... nicotine est bien connu.
10. Nous avons ... (eine große) sapin (Tanne) dans notre jardin.
11. ... Paraguay est un pays que j'aimerais bien connaître.

12. … France était le paquebot (Passagierschiff) le plus moderne de l'Europe.
13. Nous ne travaillons pas … samedi.
14. Connais-tu … date de leur arrivée?
15. Elle aime beaucoup … danse classique.
16. Le criminel portait … (eine) masque.
17. La littérature n'est pas … (sein) domaine.
18. Il a perdu … contrôle de sa voiture.
19. … melon qui est dans le frigidaire pèse 400 g.
20. Il fait une drôle de tête sur … (diesem) photo.
21. … tube de dentifrice est vide.
22. … radio de mon frère a coûté 80,– €.
23. … cuivre est un métal assez cher.
24. … sud de la France est beaucoup plus ensoleillé(e) que … nord.

4

Traduisez (§ 7.4–7):

1. Diese Oper hat mir nicht gefallen.
2. Sie ist Malerin.
3. Diese Frau ist die einzige Zeugin des Unfalls.
4. Die Schokolade, die du gekauft hast, ist sehr gut.
5. Unsere Nachbarin ist Amerikanerin.
6. In diesem Land gibt es nicht viele Diplomatinnen.
7. Sie ist Weinkennerin.
8. Diese Kundin ist sehr unangenehm.
9. Ich bewundere diese Sängerin.
10. Sie hat das Aussehen einer Schauspielerin.
11. Sie ist die größte Lügnerin, die ich kenne.

§ 8 Der Plural der Nomen (le pluriel des noms)

Überprüfen Sie Ihren Wissensstand.

Mettez les mots entre parenthèses au pluriel:

	références
1. Il faut faire remplacer ... de la cuisine. (le tuyau)	§ 8.3 b
2. Elle s'est écorché ... en tombant. (le genou)	§ 8.3 c
3. Avez-vous ... (votre laissez-passer)?	§ 8.4 g
4. Ne rentrons pas dans ... (le détail)	§ 8.3 a
5. Ne prends pas ... (ce clou)	§ 8.3 c
6. La semaine dernière, il y a eu ... Michel Fugain au Palais des Sports. (un récital)	§ 8.3 a
7. Emporte ... (un chandail)	§ 8.3 a
8. Les chats sont rentrés par ... de la cave. (le soupirail)	§ 8.3 a
9. Il faut que j'achète ... (un porte-couteau)	§ 8.4 f
10. Il y a beaucoup de désordre dans ... de cette entreprise. (le bureau)	§ 8.3 b
11. Je te défends de jouer avec ... (ce lance-pierres)	§ 8.4 f
12. Après le naufrage de ce bateau, on a retrouvé ... (le livre de bord)	§ 8.4 a
13. Gide a écrit un roman intitulé ... (Le Faux Monnayeur)	§ 8.1/8.2
14. Elle est restée plusieurs mois dans ... (une maison de santé)	§ 8.4 a

§ 8 Der Plural der Nomen (le pluriel des noms)

Pluralbildung

§ 8.1	le lit l'amie	les lit**s** les amie**s**	Der Plural wird gebildet durch Anhängen von **-s** an den Singular
§ 8.2	le poids la croix le nez	les poids les croix les nez	Nomen, die im Singular auf ***-s, -x*** **oder** ***-z*** **enden, bleiben unverändert**
§ 8.3			Sonderformen
	le journal le travail	les journaux les travaux	a) Singular *-al* / *-ail* Plural ***-aux***
	aber: le bal le festival le détail	 les bals les festivals les détails	**außer bei:** *le bal, le chacal, le carnaval, le festival, le régal, le récital,* *le détail, le portail, le chandail*
	le bureau le tuyau le cheveu le lieu	les bureaux les tuyaux les cheveux les lieux	b) Singular *-eau* Plural *-eau**x*** *-au* *-au**x*** *-eu* *-eu**x*** *-ieu* *-ieu**x***
	aber: le pneu	 les pneus	**außer bei:** *le landau* (Kinderwagen) *le pneu, le bleu*
	le trou	les trous	c) Singular *-ou* Plural *-ous*
	aber: le bijou le genou le joujou le pou	 les bijoux les genoux les joujoux les poux	**außer bei:** *le bijou, le caillou, le chou,* *le genou, le hibou, le joujou,* *le pou* (Laus), die ihren Plural auf *-x* bilden

§ 8.4			**Zusammengesetzte Nomen**
	le passeport	les passeport**s**	Wenn sie in **einem** Wort geschrieben werden, bilden sie den Plural auf -s. Wenn sie **nicht in einem** Wort geschrieben werden, sind folgende Regeln zu beachten: **Grundregel:** nur Adjektive und Substantive können ein Pluralzeichen bekommen.
	l'hôtesse de l'air le terrain de camping le bonbon à la menthe	les hôtesse**s** de l'air les terrain**s** de camping les bonbon**s** à la menthe	a) **Nomen + Präpositionalgruppe** nur das erste Element bekommt ein Pluralzeichen **aber:** la brosse à cheveu**x**/à dent**s**/ à ongle**s** les brosse**s** à cheveu**x**/à dent**s**/ à ongle**s**
	le chou-fleur le wagon-restaurant	les chou**x**-fleur**s** les wagon**s**-restaurant**s**	b) **Nomen + Nomen mit Bindestrich** beide Elemente bekommen ein Pluralzeichen **aber:** les timbre**s**-poste les appareil**s**-photo les assurance**s**-vie
	la voiture sport	les voiture**s** sport	c) **Nomen + Nomen ohne Bindestrich** nur das Grundwort bekommt ein Pluralzeichen

§ 8.4	le grand-père le coffre-fort un Anglo-Saxon un servo-moteur un Sud-Américain un demi-frère	les grand**s**-père**s** les coffre**s**-fort**s** des Angl**o**-Saxon**s** les serv**o**-moteur**s** des Su**d**-Américain**s** des dem**i**-frère**s**	d) **Adjektiv + Nomen** oder **Nomen + Adjektiv** beide Elemente bekommen ein Pluralzeichen **aber:** die Adjektive auf *-o* und diejenigen, die Himmelsrichtungen bezeichnen, sind unveränderlich **Beachte:** ***demi*** bleibt unverändert, wenn es **vor**ansteht.
	l'arrière-boutique l'avant-garde	les arrièr**e**-boutique**s** les avan**t**-garde**s**	e) **Präposition + Nomen** nur das Nomen kann in den Plural gesetzt werden. **Beachte:** *un(e) après-midi* *des après-midi*
	un passe-montagne un essuie-main un porte-monnaie un garde-magasin un garde-meuble(s)	des pass**e**-montagne**s** des essui**e**-mai**n(s)** des port**e**-monnai**e** des garde**s**-magasin**s** des gard**e**-meuble**s**	f) **Verb + Nomen** nur das Nomen kann in den Plural gesetzt werden. Bezeichnet das Nomen zählbare Dinge, ist der Gebrauch schwankend (im Wörterbuch nachschlagen!). Bezeichnet das Nomen nicht zählbare Dinge, so bleibt es unverändert. **Beachte:** *garde* (Person) veränderlich *garde* (Sache) unveränderlich

§ 8.4	un touche-à-tout	des touche-à-tout	g) **Verb + Verb/Adverb** beide Teile bleiben unverändert
	un post-scriptum un pick-up (Plattenspieler)	des post-scriptum des pick-up	h) **Fremdwörter** in Wortzusammensetzungen diese bleiben unverändert

Beachte:
Die **Eigennamen** bekommen **kein** Pluralzeichen:

Les Duran**d** sont des voisins agréables.

1

Mettez les mots soulignés au pluriel:

1. Ton marteau n'est pas assez gros pour enfoncer ces clou ... énormes.
2. Cette chanteuse a donné trois récital ... à l'Olympia.
3. Sa sœur adore les cheval ....
4. La cathédrale de Metz a des vitrail ... splendides.
5. Les canal ... de la Charente forment la Venise Verte.
6. Luc ne voit pas ce qu'il y a sur ces écriteau ... (Schild).
7. Dans cette vieille ville, j'ai photographié des portail ... magnifiques.
8. La ménagerie de ce cirque possède une dizaine de chacal ....
9. Je t'offre ces vieux sou ... pour ta collection de pièces.
10. Les cambrioleurs ont emporté tous les bijou ....
11. Maman a fait vingt bocal ... de pêches en conserve.
12. Les pneu ... de notre voiture sont complètement usés.
13. Le fer et le plomb sont des métal ... lourds.
14. A la colonie de vacances, on organisait toujours des jeu ... passionnants.
15. Le film «Les feu ... de la rampe» a rendu Charlie Chaplin célèbre dans le monde entier.
16. Avant leur départ pour les Etat ... -Uni ..., les Michaud nous ont fait leurs adieu ....
17. J'ai retiré les noyau ... de deux kilos de cerises pour faire de la confiture.
18. Il serait temps que tu fasses tes aveu ... (Geständnis).
19. Les bail ... (Miet-, Pachtvertrag) de cet immeuble sont gardés chez un notaire.
20. En Touraine, les maisons ont souvent des barreau ... aux fenêtres.
21. Cette région est irriguée (bewässert) par de nombreux chenal ... (Kanal).
22. Ce tableau représente un ciel d'été rendu lumineux par des bleu ... savamment mélangés.
23. On appelle cette forêt «Le bois des hibou ...».
24. Il faut entourer le jardin de pieu ... (Pfahl) avant d'y poser une clôture.
25. Autrefois il y avait beaucoup de bal ... populaires à Paris.
26. Dans le port de La Rochelle, on peut admirer de jolis bateau ... de plaisance.

2

Mettez les mots suivants au pluriel:

(Schwierigere Zusatzaufgabe zur Einübung und Anwendung der Regeln § 8.4 a–f)

le grand-duc (Großherzog; Uhu)
le brise-glace (Eisbrecher)
le dîner de gala
le cure-dent (Zahnstocher)
le monte-plats (Speiseaufzug)
l'arrière-garde (Nachhut)
le sous-titre
l'abat-jour (Lampenschirm)
le gâteau au fromage
le pique-nique
le chasse-mouches (Fliegenwedel)
l'avant-toit
le clin d'œil (Augenzwinkern)
le casse-croûte (Imbiss)
le cache-pot (Übertopf)
le grand-oncle
le garde-chasse (Jagdwärter)
la bête à cornes
l'avant-guerre (Vorkriegszeit)
le porte-plume
le tire-bouchon
le presse-papiers (Briefbeschwerer)
le coup de théâtre (unerwartete Wendung)
l'avant-scène (Vorbühne)
l'arc-en-ciel
le souffre-douleur (Sündenbock)
l'Etat-major (militärischer Stab)
le garde-barrière
le demi-ton (Halbton)
l'Hispano-Américain
le couvre-lit (Bettdecke)
le chou-rave (Kohlrabi)
le ver à soie (Seidenraupe)
le garde-boue (Schutzblech)
le sous-sol (Kellergeschoss)
la basse-cour (Hühnerhof)
l'avant-veille (vorgestriger Tag)
la contre-indication
le prie-Dieu (Betstuhl)
une robe du soir
l'arrière-goût
le timbre de quittance (Quittungsmarke)
l'arrière-pensée
l'aide de camp (Adjutant)
la contre-offensive
le sous-vêtement
le chef-lieu
le thé au citron
le chef-d'œuvre
le cheval-vapeur (Pferdestärke, PS)
le professeur de piano
le Nord-Africain
l'arrière-plan (Hintergrund)

3 Die Begleiter und Pronomen

(Les déterminants et les pronoms)

§ 9 Die Demonstrativbegleiter (les déterminants démonstratifs)

§ 9		Singular	Plural
	le livre	**ce** livre	**ces** livres
	l'oiseau (m.)	**cet** oiseau	**ces** oiseaux
	la maison	**cette** maison	**ces** maisons

Zur deutlichen Gegenüberstellung oder zum Hinweis auf Näheres oder Ferneres kann *-ci* bzw. *-là* an das Substantiv angehängt werden:

Prenez-vous ce chapeau-ci ou ce chapeau-là?

§ 10 Die Demonstrativpronomen (les pronoms démonstratifs)

§ 10	Singular	Plural
mask.	**celui**-ci (der/dieser hier) celui-là (der/dieser da)	**ceux**-ci (die/diese hier) ceux-là (die/diese da)
fem.	**celle**-ci (die/diese hier) celle-là (die/diese da)	**celles**-ci (die/diese hier) celles-là (die/diese da)
neutr. Formen	**ce, ceci, cela, ça** (das/dieses)	

Funktion und Gebrauch der Demonstrativpronomen:
Sie verweisen auf ein nominales Satzglied, nach dem sie sich in Geschlecht und Zahl richten. Die neutralen Formen können auf ganze Sätze verweisen.

§ 10.1		***celui:*** es wird immer näher bestimmt
	Quelle voiture est à vous? **Celle-ci** ou **celle-là**?	a) durch *-ci* und *-là*, wenn zwei Dinge zur Wahl stehen
	Tu as vu la robe de Brigitte? Oui, mais je préfère **celle de** Marie.	b) **oder** durch *de* + Besitzer
	J'aimerais bien connaître **celui qui** raconte de telles histoires. Cette viande est bonne, mais **celle que** nous avons mangée hier était plus tendre.	c) **oder** durch einen Relativsatz
§ 10.2	La soirée t'a plu? Ah oui, **c'était** bien. **C'est** mon tour. **C'est** un beau jour. **Cela lui** fut très agréable.	***ce*** *ce* (Subjekt) + *être* **Beachte:** Geht *être* ein Personalpronomen voraus, steht *cela* (ugs. *ça*).
	Dis-moi **ce qui** te plaît. Répète **ce que** je n'ai pas compris.	*ce* als neutrales Bezugswort von *qui* und *que* (deutsch: was)
§ 10.3		***cela (ça), ceci***
	Cela ne se fait pas. **Cela** m'ennuie vraiment.	a) *cela* als neutrales Subjekt vor transitiven Verben
	Ceci me convient, **cela** me déplaît.	b) *ceci, cela* als Gegenüberstellung von zwei Dingen
	Elle va beaucoup mieux. – **Cela** me surprend.	c) *cela* als Subjekt (oder Objekt), bezogen auf einen vorausgehenden Satz.

Beachte:
Zur Unterscheidung von ***ce*** und ***il*** als neutralem Subjekt vor ***être*** in unpersönlichen Ausdrücken ist Folgendes zu merken:

1. ***il*** weist voraus, ***ce*** weist zurück:

   Il est certain que nous en sommes contents.

   Nous en sommes contents, c'est certain.

2. ***il*** steht bei Naturphänomenen und Zeitangaben:

   Il neige. – Il est deux heures.

3. ***il*** steht als Subjekt vor intransitiven Verben:

   Il paraît que vous allez déménager.

1

Mettez le pronom démonstratif qui convient:

1. Nous avons visité la maison des Canot et … des Lefèvre.
2. A qui vendras-tu ton tableau? – A … qui me proposera le plus d'argent.
3. Oh! Les beaux gâteaux! Lequel vais-je manger? … ou …?
4. Les élèves de seconde sont plus doués que … de l'an dernier.
5. Si tu ne me dis pas … qui ne te convient pas, on ne pourra jamais s'entendre.
6. Tu ne connais pas Isabelle? C'est … qui arrive toujours en retard.
7. Vous devez vous décider maintenant et me dire … que vous voulez faire.
8. Ces chocolats ont tous l'air très appétissants: … sont au rhum, … au cognac.
9. J'ai pris un coup de soleil; … se voit?
10. Pascale a deux chatons qui jouent avec … de Patrick.
11. Ils sont très fiers de leur fils, … est évident.
12. Vous êtes toujours mécontents: … vous ennuie, … vous dérange.
13. Venez nous voir, … nous fera plaisir.
14. La profession de Mme Duteil est aussi intéressante que … de son mari.
15. … qui n'ont pas compris ma question doivent me le dire.
16. La sœur d'André est très mignonne. Connais-tu aussi … de François?
17. Elle se plaint continuellement, … est toujours la même chose.
18. Avez-vous fait votre choix? – Oui, je vais prendre … .
19. Mathieu aimerait un vélo de course, mais un jour il veut …, le lendemain il préfère …, on ne sait jamais avec lui.
20. Vos enfants ont-ils une voiture? – Non, mais … de nos voisins en ont une.
21. Une fois tu dis …, après tu dis …, tu n'as vraiment pas d'opinion personnelle.

2

Complétez par *ce, cela, il:*

1. Je ne sors pas, … pleut trop fort.
2. Vous avez dit la vérité, … est vrai.
3. … est nécessaire que vous travailliez davantage.
4. … me dérange d'ouvrir la porte à chaque instant.
5. Nous devions partir ensemble, … était convenu.
6. … peut vous surprendre, mais je viendrai.
7. … est encore trop tôt pour se lever.
8. … est un plaisir de vous regarder danser.
9. Cet enfant a beaucoup grandi, … m'a frappé.
10. … est très aimable de votre part.
11. … est dangereux de faire cette descente trop rapidement.
12. … n'est pas impossible que nous allions à Paris pour Noël.

§ 11 Die Possessivbegleiter (les déterminants possessifs)

§ 11	le livre	la revue	l'émission	les émissions/livres
je regarde	mon livre	ma revue	mon émission	mes émissions/livres
tu regardes	ton livre	ta revue	ton émission	tes émissions/revues
il regarde	son livre	sa revue	son émission	ses émissions
elle regarde	son livre	sa revue	son émission	ses émissions
nous regardons	notre livre	notre revue	notre émission	nos émissions
vous regardez	votre livre	votre revue	votre émission	vos émissions
ils regardent	leur livre	leur revue	leur émission	leurs émissions
elles regardent	leur livre	leur revue	leur émission	leurs émissions

Beachte:

1.

son livre < sein Buch / ihr Buch

sa revue < seine Zeitschrift / ihre Zeitschrift

son* émission < seine Sendung / ihre Sendung

ses émissions < seine Sendungen / ihre Sendungen

* ***ma, ta, sa*** wird zu ***mon, ton, son*** vor vokalischem Anlaut des folgenden weiblichen Nomens oder Adjektivs:

mon ancienne copine, **ton** armoire, **son** adresse

2.

3. Person Plural: (mehrere Besitzer)

leur + Nomen im **Singular**
leurs + Nomen im **Plural**

3. **deutsch „ihr(e), Ihr(e)"**

Je regarde	**son** sac/sa serviette	ihre (Nadines) Tasche
	ses sacs/ses serviettes	ihre (Nadines) Taschen
	leur sac/leur serviette	ihre (Nadines und Christines) Tasche
	leurs sacs/leurs serviettes	ihre (Nadines und Christines) Taschen
	votre sac/votre serviette	**I**hre Tasche
	vos sacs/vos serviettes	**I**hre Taschen

§ 12 Die Possessivpronomen (les pronoms possessifs)

§ 12	le livre	la revue	les livres	les revues
je regarde	le mien	la mienne	les miens	les miennes
tu regardes	le tien	la tienne	les tiens	les tiennes
il regarde	le sien	la sienne	les siens	les siennes
elle regarde	le sien	la sienne	les siens	les siennes
nous regardons	le nôtre	la nôtre	les nôtres	les nôtres
vous regardez	le vôtre	la vôtre	les vôtres	les vôtres
ils regardent	le leur	la leur	les leurs	les leurs
elles regardent	le leur	la leur	les leurs	les leurs

1

Complétez par le déterminant possessif qui convient:

1. Nicole a oublié de faire ... devoirs.
2. Avez-vous invité ... parents pour Noël?
3. Dis-moi, Christian, est-ce que Brigitte est ... amie? – Oui, c'est ... petite amie.
4. En France, beaucoup de parents envoient ... enfants en colonie de vacances.
5. Je ne trouve pas ... affaires: ... stylo, ... gomme et ... crayon ont disparu.
6. Ils ont fait construire ... maison il y a trois ans.
7. Elle a tapissé l'intérieur de ... armoire avec du papier rose.
8. Béatrice se fâche souvent avec ... frère, mais il prétend qu'il s'entend bien avec ... sœur.
9. Mes filles dépensent tout ... argent en friandises.
10. Annette et sa mère achètent ... vêtements dans le même magasin.
11. Ce nouveau coiffeur est très attentif aux désirs de ... clientes; l'ancien ne coiffait pas aussi bien ... cheveux.

2

Complétez par le pronom possessif qui convient:

1. Si tu me montres ta composition, je te montrerai ....
2. Les Dubois sortent leur chien à la laisse, mais les Métayer laissent courir ....
3. Notre toit a été endommagé par la tempête; et ...?
4. Je mets mon manteau pour sortir; toi aussi, mets ....
5. Je lui ai présenté mes parents et elle m'a présenté ....
6. Voilà, je vous ai parlé de mes vacances. Maintenant parlez-moi de ....
7. Fabrice a invité sa correspondante française, mais Benoît n'a aucune envie de connaître ....
8. Beaucoup de gens racontent leurs problèmes, mais les Levêque taisent toujours ... (taire qc.: etw. verschweigen)
9. Jacqueline passe son permis de conduire la semaine prochaine, mais je ne sais pas quand Françoise passera ....
10. Catherine et Alain fêtent leur anniversaire la semaine prochaine; quand fêterons-nous ...?

3

Traduisez:

1. Herr Lecomte, Sie vergessen Ihr Auto abzuschließen.
2. Fräulein Roux hat ihre Eltern bei einem Autounfall verloren.
3. Claude geht oft mit seiner Freundin aus, aber man sieht nie Daniel mit seiner.
4. Jetzt haben Sie mein Haus gesehen; darf ich eines Tages Ihres besichtigen?

§ 13 Die Relativpronomen (les pronoms relatifs)

§ 13.1	Je regarde **les enfants qui** jouent dans la rue. Il ne faut pas réveiller **le chat qui** dort. Apporte-moi **le livre qui** est sur la table. Isabelle est **l'amie que** je préfère. J'aime bien **la robe que** vous portez. Montre-moi **les photos que** tu as prises.	***qui, que*** **Subjekt:** *qui* bezogen auf Personen oder Sachen **Objekt:** *que* bezogen auf Personen oder Sachen Vor Vokal: *qu'*
§ 13.2	Ce sont les collègues **dont** je vous ai parlé. (parler **de**) Il est préférable d'avoir des élèves **dont** on connaît les parents. (les parents **des** élèves) C'est un pays **dont** je n'ai aucune idée. (avoir une idée **de**) Apportez deux cafés, **dont** un décaféiné. (un **de** ces cafés)	***dont*** Es ersetzt eine **Ergänzung mit *de*** und bezieht sich auf Personen oder Sachen.
§ 13.3	Dites-moi **ce qui** ne va pas. Prenez **ce que** vous voulez. C'est **ce dont** je doute fortement. (douter **de**) **Ce à quoi** elle passe son temps? A écouter de la musique pop. (passer son temps **à**)	***ce qui, ce que, ce dont, ce à quoi*** Wenn das Relativpronomen kein Beziehungswort hat, steht das neutrale Demonstrativpronomen **ce** davor. **Subjekt:** *ce qui* **Objekt:** *ce que* **Ergänzung mit *de*:** *ce dont* **Ergänzung mit *à*:** *ce à quoi*

§ 13.4	Allons dans le parc **où** il y a les plus belles fleurs. La région **d'où** proviennent ces oranges est très ensoleillée.	***où*** *où* leitet einen Relativsatz ein, der **ortsbestimmend** ist. *où* kann allein stehen, oder, wenn es der Sinn verlangt, mit Präposition.
§ 13.5	C'est **un ami sur qui** on peut compter. **Les gens avec qui** nous avons voyagé sont de Toulon. Ce sont **des histoires auxquelles** je ne crois pas. J'ai acheté **des appareils sans lesquels** j'aurais besoin d'une femme de ménage. **L'annonce grâce à laquelle** j'ai trouvé ce travail a paru dans Le Monde. (grâce **à cette annonce**) C'est **l'élève de la réussite duquel/ de qui** j'ai tant douté. (j'ai douté de la réussite **de cet élève**). Ce sont des enfants **entre lesquels** il y a souvent des disputes. **La sœur** de Patrick, **laquelle** est à Paris … La sœur de **Patrick, lequel** est à Paris …	**Präpositionen + *qui* bzw. *lequel*** Präposition + ***qui:*** → Personen (In gehobener Sprache steht statt *qui* die entsprechende Form von *lequel*.) Präposition + ***lequel:*** → Sachen (*lequel* richtet sich in Geschlecht und Zahl nach seinem Beziehungswort.) **Beachte die Stellung von *lequel*!** Es bleibt an der Stelle, an der das ersetzte Wort stand. **Merke:** Nach *parmi* und *entre* steht immer *lequel*, auch für Personen. *lequel* kann die relative Beziehung verdeutlichen: Die **Schwester** ist in Paris. **Patrick** ist in Paris.

§ 13.6	 **Qui** vivra, verra. (Man wird ja sehen.) Invite **qui** tu veux (celui/ceux que tu veux). Tu peux travailler **pour qui** bon te semble. Voilà **qui** est bien. (Das ist ja schön.)	**das beziehungslose Relativpronomen *qui*** (es kommt fast nur in festen Wendungen vor) als Subjekt als Objekt als präpositionales Objekt nach *voilà* (neutrales Subjekt)
§ 13.7	 Il n'y a **rien à quoi** elle tienne autant. Travaille régulièrement, **faute de quoi** tu auras des problèmes à l'examen. J'ai encore **de quoi** faire. Voilà **à quoi** tu passes ton temps.	***quoi*** Es wird nur **nach Präpositionen** verwendet und bezieht sich nur auf Sachen. – nach *ce* oder einem indefiniten Pronomen (z. B. *quelque chose, rien*) – nach *après* / *sans* / *faute de* } *quoi* – als neutrales Subjekt (= ohne Bezugswort) vor Infinitiven und nach *voilà*.

Einige allgemeine Regeln zur Bildung von Relativsätzen aus zwei getrennten Sätzen:

1. Der zweite Satz wird in den ersten eingeschoben, und zwar direkt nach dem Beziehungswort.
2. Das Relativpronomen muss im gleichen Fall (Subjekt, Objekt, präpositionales Objekt) stehen wie der zu ersetzende Satzteil.
3. Abweichend vom Deutschen gilt im französischen Relativsatz immer die Wortstellung SP(O).

Beispiele: – Le **projet** est très complexe. Nous **y** (= à ce projet) pensons souvent.
↓
Le projet auquel nous pensons souvent est très complexe.

– Mon **amie** est jolie. Tu connais **son** (= **le** frère de mon amie) frère.
↓
Mon amie dont tu connais **le** frère est jolie.
(… deren Bruder du kennst)

1

Complétez par *qui, que, dont, lequel, où:*

1. Balzac est un écrivain ... les romans plaisent encore de nos jours.
2. C'est un élève ... ne vous décevra jamais.
3. Les cadeaux ... vous nous faites sont bien trop beaux.
4. Faites-moi visiter la ville ... vous êtes né.
5. Les parents de Brigitte, ... ont une maison sur la Côte d'Azur, sont bien sympathiques.
6. M. Bernard est un collègue avec ... j'aime bien travailler.
7. C'est une classe ... tous les professeurs se plaignent.
8. J'aimerais deux gâteaux, ... un aux fruits.
9. Montre-moi les timbres ... tu collectionnes depuis des années.
10. La maison ... on voit le toit est en vente.
11. Connaissez-vous la forêt au travers de ... nous allons marcher?
12. Voilà le terrain en friche de ... je rapporte tant de mûres.
13. On rencontrait des touristes parmi ... il y avait toujours quelques Allemands.
14. Il a recours à des moyens ... ne sont pas toujours très honnêtes.
15. La méthode ... vous avez adoptée est certainement la meilleure.
16. Elle a peint des tableaux ... la vente lui a bien rapporté.
17. Il porte des vêtements pour ... il dépense beaucoup.
18. Ce sont des endroits ... on doit absolument s'arrêter pour les visiter.
19. Les choses ... tu attaches tant d'importance sont pourtant très secondaires.
20. Il y avait bien deux cents spectateurs, ... une cinquantaine qui n'ont rien compris à la pièce.
21. Pars avec ... voudra bien t'emmener.
22. Les amis dans la maison ... nous avons passé nos vacances sont charmants.

2

Complétez par *ce qui, ce que, ce dont, ce à quoi:*

1. Prenez … vous avez besoin.
2. Je me méfie de … me semble trop facile.
3. Le plaisir! C'est toujours … tu penses.
4 … je regrette, c'est de ne pas m'en être occupé à temps.
5. Elle m'a rapporté … elle s'était informée.
6. … Lucien travaille sans cesse, c'est son avenir.
7. On apprend parfois … on aimerait ignorer.
8. … lui plaît tant en Bretagne, c'est la côte sauvage.
9. As-tu déjà décidé … tu veux faire plus tard?
10. Les falaises découpées? C'est … je me souviens le mieux.

3

Traduisez:

1. Das Dorf, in dessen Mitte ein Brunnen steht, scheint verlassen zu sein.
2. Das Fest, dem der Präsident beigewohnt hat, war ein Erfolg.
3. Die Stadt, deren Museen wir besichtigt haben, ist tausend Jahre alt.
4. Das Unglück, das im Fernsehen gezeigt wurde, hat sich im Elsass zugetragen.
5. Die Frage, auf die du nicht gefasst warst (s'attendre à), hat dich verwirrt (déconcerter).
6. Die Gäste, unter denen sich zwei Holländer befanden, sind heute morgen abgereist.
7. Die Verwandten, mit denen wir nach München gefahren sind, haben sich in Deutschland wohlgefühlt (se plaire).
8. Die Geräte, deren du dich bedienst, werden nie aufgeräumt.
9. Die Gegenden, in die viele Touristen kommen, sind im Sommer übervölkert (surpeuplé).
10. Die Bücher, die du mir geliehen hast, haben mir sehr gefallen.

4

Reliez les phrases suivantes par un pronom relatif:

1. **Les élèves ne font pas attention. Le professeur s'est plaint d'eux.**
2. **Je lui ai rappelé notre invitation. Il l'avait oubliée.**
3. **La ville de Troyes est située en Champagne. Elle est un grand centre culturel.**
4. **Nos voisins viennent ce soir. Leurs enfants sont très bien élevés.**
5. **Les fleurs sont magnifiques. Mon fils me les a offertes.**
6. **C'est une amie fidèle. J'ai de l'amitié pour elle.**
7. **J'ai reçu des cartes postales; je ne comptais pas sur ces cartes.**
8. **Montrez-moi le livre de cuisine. Vous m'en avez beaucoup parlé.**
9. **C'est une bonne nouvelle. Je ne m'y attendais pas.**
10. **Le jardin est splendide. Il s'étend tout autour de la maison.**
11. **Lis mon exposé; j'y travaille depuis quinze jours.**

5

Complétez le texte par le pronom relatif qui convient:

Les quelques jours …[1] nous avons passés au lac de Garde ont été merveilleux. La seule chose …[2] peut-être ait laissé à désirer était le fait que nous ne pouvions pas tellement communiquer avec les occupants de l'hôtel, …[3] beaucoup ne parlaient qu'italien. Le lac …[4] on ne distinguait pas bien les contours dans la brume matinale s'étendait là devant nous, calme et serein. Les voiliers …[5] défilaient devant nos yeux apportaient un peu de vie à la tranquillité de l'endroit …[6] nous n'avions pas choisi, mais tout simplement découvert. Les serveurs de l'hôtel …[7] l'amabilité était apparente s'étonnaient toujours que nous prenions le petit déjeuner dehors à cette époque encore froide. Notre table, de …[8] nous pouvions contempler le paysage, se trouvait au milieu de la terrasse …[9] longeait les baies vitrées du restaurant dans …[10] se tenait le personnel attentif à nos désirs. Mais …[11] nous avions besoin, c'était surtout le repos …[12] nous aspirions depuis des semaines.

[le lac de Garde: Gardasee; aspirer à qc.: sich nach etwas sehnen]

§ 14 Die indefiniten Begleiter (les déterminants indéfinis)

§ 14.1	Il a mangé { **tout** le pain **toute** la glace **tous** les gâteaux **toutes** les tartelettes }	***tout, toute, tous*** [tu], ***toutes*** *tout* / *toute* } ganz *tous* / *toutes* } alle (ohne Unterschied)
§ 14.2	Il invite **chaque** fille de la classe. Chaque jour de vacances est trop vite passé.	***chaque*** jede, jeder (Einzelne)
§ 14.3	Je **n'** ai vu **aucun** film d'Alain Bonnot. Je **ne** vois **pas une** seule amie.	***aucun, aucune; pas un, pas une*** kein Einziger, keine Einzige

Beachte:
Zu den indefiniten Begleitern zählen noch:

certain(e)s – gewisse *différent(e)s* – verschiedene *(un) autre* – (ein) anderer

plusieurs – mehrere *(le) même* – derselbe, gleiche *(un) tel* – (ein) solcher

quelques – einige

§ 15 Die indefiniten Pronomen (les pronoms indéfinis)

§ 15.1 ***quelqu'un*** ↔ ***personne*** ***quelque chose*** ↔ ***rien***

(jemand ↔ niemand) (etwas ↔ nichts)

§ 15.1	**bejaht**	**verneint**
	Subjekt: Quelqu'un désire me parler? Quelque chose t'ennuie?	 Non. Personne. Personne **ne** désire te parler. Non. Rien. Rien **ne** m'ennuie.
	Objekt: Vous avez rencontré quelqu'un? Avez-vous mangé quelque chose?	 Non. Personne. Nous **n'**avons rencontré personne. Non. Rien. Non, nous **n'**avons rien mangé.

Beachte:

1. In verneinten Sätzen steht vor dem konjugierten Verb *ne*.
2. ohne etwas heißt *sans **rien***: Elle a quitté la table sans rien manger.

§ 15.2 ***quelques-uns*** ***plusieurs*** ***tous*** ***pas un seul*** ***aucun***
(einige mehrere alle nicht einer keiner)

§ 15.2	**bejaht**	**verneint**
	Subjekt: Quelques-unes de ces peintures me plaisent vraiment. Plusieurs de ces peintures me plaisent vraiment.	Pas une seule / Aucune } **ne** me plaît.
	Objekt: Tu as acheté quelques-unes de ces peintures? Tu en as acheté quelques-unes?	Non. Je **n**'en ai pas acheté une seule.
	Tu en as acheté plusieurs?	Non. Je **n**'en ai acheté aucune.

§ 15.3 ***tous*** [tus], ***toutes*** ***chacun,e*** ***tout le monde*** ***tout***
(alle jede,r jedermann alles)

§ 15.3		
	– Avez-vous lu tous ces livres? [tu] – Oui, je les ai **tous** lus. [tus] – Tous m'ont plu. (= Ils m'ont tous plu).	***tous*** [tus] ***toutes*** [tut] – alle (in einer als bekannt vorausgesetzten Gruppe).
	– Elle a rangé toutes ses affaires? – Oui, **toutes** sont rangées. (= Elles sont toutes rangées.) – Elles les a toutes rangées.	**Beachte die Aussprache:** *tous* [tu] (Begleiter) *tous* [tus] (Pronomen)
	– **Chacun** de ses amis est sympathique. – Il faut inviter chacun d'eux.	***chacun, chacune:*** jeder, jede Einzelne
	La soirée a été longue mais à minuit **tout le monde** était parti.	***tout le monde:*** alle (ohne Bezug auf eine schon erwähnte Gruppe)
	Cet élève apprend **tout** par cœur.	**tout:** alles (für eine Gesamtheit von Gegenständen oder Sachverhalten)

§ 15.4 Beachte folgende Besonderheit: ***tout, tous, toutes* + Relativsatz**

§ 15.4	Dis-moi **tout ce qui** manque.	**Subjekt:**	*tout **ce** qui*	alles was
	Prenez **tout ce que** vous voudrez.	**Objekt:**	*tout **ce** que*	alles was
	Je prêterai ce livre à **tous ceux qui** s'y intéressent.	**Subjekt:**	*tous **ceux** qui*	alle die
	Les photos? Je te donne **toutes celles que** tu aimerais avoir.	**Objekt:**	*tous **ceux** que*	alle die

Beachte:
Zu den indefiniten Pronomen zählen noch:

n'importe lequel irgendeiner
n'importe qui jeder beliebige
n'importe quoi irgendetwas

1

Complétez par la forme convenable de *tout*, *chacun* ou par *chaque*:

1. J'ai acheté de belles pommes, mais … n'étaient pas de même qualité.
2. Je vais répéter pour … ceux qui n'ont pas compris.
3. Elle a rapporté un petit souvenir pour … de nous.
4. … jeunes filles de la classe de première participent à ce concours.
5. Il vient … année nous rendre visite.
6. Nous écoutons les informations … jours à 14 heures.
7. Est-ce … ce que vous avez à me dire?
8. Les Leroy ont quatre filles; ils ont offert un équipement de ski à … d'elles.
9. Dans cette revue, il y a de la réclame à … page.
10. … matin, il part à la même heure.
11. A Oléron, nous avions de la tempête … nuits.
12. Voilà … ce qui me manque.
13. Comme vous m'avez aidé, je vais donner une récompense à …
14. … celles qui manqueront ce jour-là devront rattraper les cours perdus.
15. Notre vieux voisin a des rhumatismes à … changement de temps.
16. Ils ont trop d'amis; ils ne peuvent pas les inviter …
17. Accusé, dites … vérité.

2

Mettez les parties de phrases soulignées à la forme négative ou à la forme affirmative, selon le cas:

1. Quelqu'un l'a vu.
2. Elle n'a reçu aucune lettre d'Amérique.
3. Cet auteur a écrit beaucoup de romans dont pas un seul n'a été un succès.
4. Ces gens possèdent plusieurs maisons.
5. J'ai bu quelque chose avant de me mettre au travail.
6. Dans cet endroit, on ne rencontre personne.
7. Ce sont de beaux gâteaux. J'en prends plusieurs.
8. Elle ne m'a rien dit.
9. De bonnes notes? Il n'en a pas eu une seule depuis le début de l'année.
10. Je vois quelqu'un à la caisse.

3
Traduisez:

1. Wir haben einige Tage in Tours verbracht.
2. Alle Häuser dieses Viertels sind zu verkaufen.
3. Jedes hat zwei Stockwerke.
4. Der Wind bläst von allen Seiten.
5. Viele Freunde haben uns besucht, aber einige sind nur eine Stunde geblieben.
6. Er kann uns nichts leihen (prêter).
7. Du sollst ihr etwas sagen.
8. Alle waren zum Wegfahren fertig.
9. Man darf nicht alles glauben.
10. Niemand hat uns zu diesem Fest eingeladen.
11. Jeder seiner Brüder ist Arzt geworden.
12. Alle seine Bücher verkaufen sich gut.
13. Er ist in die Schule gefahren, ohne etwas zu sagen.
14. Die Schüler stehen alle auf, wenn der Schulleiter hereinkommt.
15. Wer hat das ganze Geld ausgegeben?
16. Wir haben keinen einzigen Regentag gehabt.
17. Dieses Lokal (un établissement) ist nur für gewisse Leute.
18. Gib mir einige Ratschläge für unsere Reise.
19. Dieses Kind kennt mehrere Gedichte auswendig.
20. Sag nicht immer irgend etwas zu irgend jemandem.

4
Complétez par *tous, toutes* ou *tout le monde:*

1. Tu ne peux quand même pas inviter …
2. Il y avait un grand nombre de participants; … étaient bien entraînés.
3. On m'a recommandé plusieurs dentistes, mais … sont en congé actuellement.
4. La caravane du Tour de France a offert des casquettes à …
5. Cette pièce de théâtre n'a pas plu à …
6. Il y a 35 élèves dans cette classe; … habitent le même quartier.
7. Parmi les spectateurs, … n'étaient pas du même avis.
8. Elle est gentille avec …

§ 16 Die verbundenen Personalpronomen (les pronoms personnels conjoints)

Formen

Subjekt	direktes Objekt		indirektes Objekt	
je	me (m')	mich	me (m')	mir
tu	te (t')	dich	te (t')	dir
il	le (l')	ihn	lui	ihm
elle	la (l')	sie	lui	ihr
on				
nous	nous	uns	nous	uns
vous	vous	euch	vous	euch
ils	les	sie	leur	ihnen
elles	les	sie	leur	ihnen

Beachte:
Die Pronomen ***le, la, les*** ersetzen nur direkte Objekte, die mit dem **bestimmten Artikel**, einem **Possessiv-** oder **Demonstrativbegleiter** stehen.
Steht der unbestimmte Artikel oder der Partitiv, so werden sie durch ***en*** ersetzt.
(siehe § 19. 1 / § 19. 2)

Tu vois **le/ce/mon** crayon? → Oui, je **le** vois.
Il achète **une** banane? → Oui, il **en** achète **une**.
Elle boit **du** thé? → Oui, elle **en** boit.

Stellung: siehe § 20

§ 17 Die unverbundenen Personalpronomen (les pronoms personnels disjoints)

Formen

Singular	Plural
moi toi lui elle soi (unpersönlich)	nous vous eux elles soi (unpersönlich)

Beachte:
Sie haben als Subjekt und Objekt die gleiche Form.

§ 17.1	Qui peut m'aider? → **Moi**.	Sie können **ohne Verb** stehen, z. B. in Kurzantworten
§ 17.2	**Eux, ils** n'ont jamais le temps. (Subjekt) Nous **l'**aimons bien, **lui**. (Objekt)	Sie können das verbundene Personalpronomen hervorheben
§ 17.3	Comptez **sur moi**. Elle fait tout **pour lui**.	Sie stehen **nach Präpositionen**
§ 17.4	Cette voiture **est à eux**.	Sie stehen nach dem Ausdruck ***être à*** (gehören)

Beachte:
An die unverbundenen Personalpronomen kann *même* angehängt werden.

Faites votre travail **vous-mêmes** et je ferai le mien **moi-même**.

§ 18 Die Reflexivpronomen (les pronoms réfléchis)

(je)	me	(nous)	nous
(tu)	te	(vous)	vous
(il) →		(ils) →	se (s')
(elle) →	se (s')	(elles) →	
(on) →			

§ 19 Die Pronominaladverbien y und en (les adverbes pronominaux y et en)

§ 19.1	Versez du vin **dans un verre.** Versez-**y** du vin. Danielle travaille **sur le balcon.** Elle **y** travaille.	***y*** vertritt eine Ergänzung mit ***à, dans, en, sur, sous*** etc. (außer *de*) bei **Sachen.**
§ 19.2	 Nos amis arrivent **de Suisse.** Ils **en** arrivent. Tu te moques **de mes conseils.** Tu t'**en** moques. Tu veux **du gâteau**? Non, je n'**en** veux pas. Vous avez **des ennuis**? Oui, nous **en** avons.	***en*** vertritt eine Ergänzung mit ***de*** a) als Ortsbestimmung b) als präpositionales Objekt (bei Sachen) c) als Partitiv
§ 19.3	Cet hôtel a **cinquante chambres.** Il **en** a **cinquante.** Veux-tu **une pomme**? Oui, j'**en** veux **une.**	***en*** vertritt Substantive **nach Zahlen** (dazu zählt auch der unbestimmte Artikel *un/une*). Die Zahl darf dabei **nicht** weggelassen werden.

Beachte:
Bezeichnen die Pronomen **Personen** (und nicht Sachen), so steht auch nach *de* das **un**verbundene Personalpronomen:

Tu te moques **de Christine.** Tu te moques **d'elle.**

§ 20 Die Stellung der Objektpronomen beim Verb

§ 20.1	Tu **me la** *prêtes*? Nous **les lui** *rendrons*. Les leçons? Il ne **nous les** *a* pas expliquées. Vous **les y** *avez* envoyés. Beim verneinten Imperativ: Ne **me la** *prête* pas. Ne **nous en** *donne* pas.	Wenn zwei Objektpronomen beim Verb stehen, können sie nur in einer bestimmten Reihenfolge kombiniert werden: Subjekt + [*me, te, se, nous, vous* (indir. Objekt)] [*le, la, les* (direktes Objekt)] [*lui, leur* (indirektes Objekt)] [*y, en*] + konjugiertes Verb
§ 20.2	Il me présente à eux. (Er stellt **mich** ihnen vor.) Elle m'a présenté à elle. Beim verneinten Imperativ: Ne nous présente pas à eux.	Bezeichnen *me, te, se, nous, vous* ein **direktes** Objekt, so gilt folgendes Stellungsmuster: Subjekt + [*me, te, se, nous, vous*] + Verb + **à** + [*moi, toi, lui, elle, nous, vous, eux, elles*] *me, te, se, nous, vous* → direktes Objekt *moi, toi, lui, elle, nous, vous, eux, elles* → indirektes Objekt (unverb. Pers.pron.)

§ 20.3	Je vais **vous la** raconter. Il voulait **me le** dire. Je préférerais **la leur** donner. Il n'ose pas **le lui** dire. Je ne peux pas **le lui** promettre avant demain.	Bei modalen Hilfsverben *(aller, devoir, oser, pouvoir, savoir, vouloir)* sowie bei *aimer (mieux)* und *préférer* + Infinitiv stehen die Pronomen **vor dem Infinitiv**, dessen Objekt sie sind.
	Je **l'**ai **entendu** descendre. Nous **l'**avons **vu** revenir. Il **m'**a **regardé** danser. Nous **la leur faisons** chanter.	Bei den Verben *laisser, faire, entendre, écouter, voir, regarder, sentir, envoyer, mener* + Infinitiv stehen die Pronomen jedoch **vor dem konjugierten Verb**.
§ 20.4	Raconte-les-leur. Menez-nous-y.	Beim bejahten Imperativ stehen die Pronomen nach dem Verb, wobei das direkte Pronomen immer vor dem indirekten steht.

Beachte:
In der 1. und 2. Person Singular stehen hinter dem bejahten Imperativ die betonten Formen *moi* und *toi*, wenn kein weiteres Pronomen folgt.

Emmène-**moi** au théâtre.
Dites-le-**moi**.

Aber:
Donnez-**m'**en.

Révisez d'abord l'accord du participe passé (§ 31. 1–4).

1

Remplacez les mots soulignés par des pronoms personnels ou *y* ou *en:*

1. Elle vous raconte des histoires.
2. Elle a raconté ses vacances à ses parents.
3. Je vous recommande ce livre.
4. Il nous a offert des chocolats.
5. Elle t'a apporté les fleurs qui sont sur la table.
6. N'oblige pas Pierre à reprendre du gâteau.
7. Demandez à Nicole ce qu'elle veut pour Noël.
8. M. Michelet s'est fait couper les cheveux chez un grand coiffeur.
9. Nos voisins ont quatre chats.
10. Nous entendons gronder l'orage.
11. Ses parents ne peuvent pas lui offrir ce cadeau.
12. Il faut avoir vu ce film.
13. Voyez-vous le bateau passer au loin?
14. Pourquoi pars-tu sans Christiane?
15. Tu ne peux pas rester plus longtemps chez les Amirault.
16. Ils ont des parents (Angehörige) en Angleterre.
17. Nous avons parlé de nos projets à nos amis.
18. J'ai entendu souffler le vent toute la nuit.
19. Voulez-vous emporter ces biscuits à vos enfants?
20. Mets ton manteau.
21. Ne mets pas mes bottes.
22. Quand rendras-tu ces CD à Claudine?
23. Brigitte achète un paquet de cigarettes pour son père.
24. Prenez du sucre.
25. Ne mangez pas de bonbons.
26. Luc pense souvent à Geneviève.
27. Retirez assez d'argent pour vos vacances.
28. Je ne veux pas toucher à cet appareil.

2

Remplacez les mots soulignés par *y* ou par *en:*

1. Elle a beaucoup de soucis en ce moment.
2. Ne t'occupe pas de mes affaires.
3. Combien de boissons as-tu commandées?
4. Pensez à vos achats.
5. As-tu sorti les bouteilles du placard?
6. Rangez vos affaires dans cette armoire.
7. Les spectateurs ont félicité le gagnant de sa victoire.
8. Nous déposons notre amie devant sa maison.
9. Tu dépenses trop d'argent.
10. Jetez un coup d'œil à ces photos: elles sont magnifiques.
11. Ne fais pas attention à son humeur; elle s'emporte (aufbrausen) facilement.
12. Nous avons trouvé des coquillages magnifiques sur cette île.

3

Traduisez:

1. Ich werde es dir sagen.
2. Ich habe es dir gesagt.
3. Wir müssen es ihnen zurückgeben.
4. Ich werde sie (Sing.) kommen lassen.
5. Besucht ihn. (aller voir)
6. Besucht ihn nicht.
7. Wir haben davon sprechen hören.
8. Ich möchte mit euch darüber sprechen.
9. Lass mich sprechen.
10. Lassen Sie ihn eintreten.
11. Nimm es nicht an.
12. Hast du es ihm schon erzählt?
13. Wer hat es ihr geschenkt?
14. Er tanzt mit ihr.
15. Wartet auf uns.
16. Esst ohne mich.
17. Rechnet nicht mit ihnen.
18. Er arbeitet nur für sie (Sing.).
19. Wir haben nichts gegen dich.
20. Sprich nicht immer über sie (Plural).

21. Lassen Sie ihn nicht mit ihr wegfahren.
22. Denk nicht mehr daran und sprich nicht mehr davon.
23. Glaube es ihr nicht.
24. Sag es uns.
25. Ich werde Sie dorthin fahren (conduire).
26. Pauline ist in England; sie kommt bald von dort zurück.
27. Gehst du gern ins Kino? Wir könnten hingehen.
28. Meine Schlüssel sind nicht mehr auf dem Tisch! Ich hatte sie doch draufgelegt. (= dorthin gelegt).
29. Wer hat diese Karte gespielt, du oder ich?
30. Dieses Kleid? Ich habe es nach Maß (sur mesures) anfertigen lassen.

4

Remplacez les mots soulignés par *y*, *en* ou parle pronom personnel qui convient:

1. Mes élèves sont revenus fatigués de leur excursion.
2. Tu parles mal de tes professeurs.
3. Ne vous approchez pas de la cage aux lions.
4. Nous avons assisté à son mariage.
5. Marianne s'occupe très bien de son petit frère.
6. Elle ment souvent à son père.
7. Je vous remercie de votre invitation.
8. Les employés de ce bureau ont peur de leur patron.
9. Je me souviens bien de ces gens.
10. Tu peux être fier de tes résultats.
11. Vous devez vous mettre au travail.
12. Les enfants des Legrand ne ressemblent pas à leurs parents.
13. J'ai envie d'un bon café.
14. Elle n'a jamais cru aux promesses de ce garçon.
15. Il n'est pas content de ses enfants.
16. Il est fâché de leur attitude.
17. Nous n'étions pas préparés à cette déception.
18. Ils ne se sont pas aperçus du danger.

§ 21 + 22 Die Interrogativbegleiter und Interrogativpronomen (les déterminants et les pronoms interrogatifs)

Überprüfen Sie Ihren Wissensstand.

Complétez par le pronom ou le déterminant interrogatif qui convient:

	références
1. Pour … raisons agis-tu ainsi?	§ 21
2. … tu veux faire plus tard?	§ 22.2
3. … a été décidé lors de la conférence?	§ 22.2
4. A … faites-vous allusion? – A la situation actuelle.	§ 22.2
5. De … est-ce que vous voulez parler? De votre amie?	§ 22.1
6. Ces émaux sont magnifiques. … (Welche) avez-vous faits vous-même?	§ 22.3
7. Beaucoup de choses m'intéressent – … par exemple?	§ 22.2/23.3
8. As-tu entendu … j'ai dit? – Non, … ?	§ 22.2
9. … a cassé le vase du salon?	§ 22.1
10. Je pense souvent à nos amis français. – Ah oui, … en particulier?	§ 22.3/22.1

§ 21 Die Interrogativbegleiter (les déterminants interrogatifs)

§ 21	Quel parfum Quelle robe Quels cadeaux Quelles chaussures } voulez-vous?	*quel* + Substantiv *quel* richtet sich in Geschlecht und Zahl nach seinem Beziehungswort

§ 22 Die Interrogativpronomen (les pronoms interrogatifs)

§ 22.1		**Fragen nach Personen**
	Qui viendra à cette réception? Qui est-ce qui viendra?	**Subjekt** (wer?): ***qui*** oder ***qui*** *est-ce* ***qui***
	Qui as-tu invité? Qui est-ce que tu as invité?	**Direktes Objekt:** (wen?) ***qui*** oder ***qui*** *est-ce* ***que***
	Avec qui part-il en vacances? Pour qui fais-tu ce gâteau?	**nach Präpositionen** (mit wem? für wen?): ***qui***
	Raconte-moi qui est venu à qui tu as écrit qui tu as invité.	

Beachte:
In der **indirekten** Frage ist nur ***qui*** korrekt.

§ 22.2		**Fragen nach Sachen**
	Qu'est-ce qui lui arrive?	**Subjekt** (was?): ***qu'est-ce qui***
	Qu'est-ce que Michèle a fait à Paris? Que fait Michèle?	**direktes Objekt** (was?): ***qu'est-ce que*** ***que,*** wenn der Satz keine Ergänzung hat.
	De quoi vit-il? (De quoi est-ce qu'il vit?) A quoi travaillez-vous? (A quoi est-ce que vous travaillez?)	**Nach Präpositionen** (wovon, woran?): ***quoi***
	Que dire encore à ce sujet? Que/Quoi dire?	**vor einem Infinitiv:** a) mit Ergänzung: ***que*** b) ohne Ergänzung: ***quoi*** oder ***que***
	– Je vais t'expliquer. – Quoi?	**alleinstehend** (was?): ***quoi***

Beachte:
In der **indirekten** Frage steht
ce qui (Subjekt), — Raconte-moi ce qui t'arrive
ce que (direktes Objekt) — ce que tu fais
quoi (nach Präpositionen) — de quoi tu vis.

§ 22.3	Regarde ces tableaux. Lesquels préfères-tu? Les caves d'Anjou sont célèbres. Lesquelles connais-tu?	***lequel*** Frage nach **bestimmten** Personen oder Sachen aus einer Gruppe (welcher?)
§ 22.4	J'ai écrit à plusieurs amies. – Auxquelles? J'ai entendu parler de beaucoup de ses livres. – Desquels? Il y a de la neige sur quelques sommets. – Sur lesquels?	**nach Präpositionen** (welche?) *à + lequel* — *auquel* *de + lequel* — *duquel* *à lesquel(le)s* — *auxquel(le)s* *de + lesquel(le)s* — *desquel(le)s*

1

Transformez les questions directes en questions indirectes; commencez par *dites-moi*.

1. Qui a téléphoné?
2. De qui parle-t-il?
3. A qui écrivez-vous?
4. Qu'est-ce qui est arrivé?
5. Qui voulez-vous voir?
6. Que désirez-vous?
7. A quoi est-ce que vous rêvez?
8. De quoi s'agit-il?
9. Qu'est-ce qu'on vous a conseillé?
10. Qu'est-ce qui a transformé votre vie?
11. Qui avez-vous rencontré?
12. Sur quoi comptez-vous?
13. Qu'est-ce que vous vous imaginez?
14. Quelles régions de France préférez-vous?

2

Posez des questions correspondant aux mots soulignés:
(Les phrases 7., 9., 10., 16.: réponse: *je* → question: *tu*)

1. Béatrice a gagné le premier prix.
2. Le gagnant a remporté une belle victoire.
3. Ces appareils servent à humidifier l'air.
4. Ce bateau est à Jacques.
5. Elle a peur des maladies.
6. Cet enfant consacre trop de temps à ses devoirs.
7. J'ai coupé le rôti avec un couteau très tranchant.
8. Il est neuf heures.
9. J'ai préféré la pièce de Ionesco.
10. Je vais acheter la robe jaune.
11. Françoise Dorin a écrit plusieurs romans célèbres.
12. Danièle a seize ans.
13. Nicole tricote.
14. Nous allons contribuer à l'achat de ta voiture.
15. C'est Bernard qui a répandu la nouvelle.
16. J'ai fait la connaissance de ce médecin à une soirée.

3

Traduisez:

1. Von wem sprichst du?
2. Sag mir, von wem du sprichst.
3. Woran denkst du?
4. Sag mir, woran du denkst.
5. Mit wem hast du diese Reise gemacht?
6. Womit malst du?
7. Wer wird mir helfen?
8. Was suchst du?
9. Wen habt ihr getroffen?
10. Worüber hat der Lehrer gesprochen?
11. Erzähle mir etwas. – Was?
12. In Köln gibt es viele Kirchen. Welche hast du schon besichtigt?
13. Welches sind deine Lieblingsblumen? (Lieblings- = préféré)
14. Ich würde gern eine Fremdsprache lernen, aber welche?
15. Warum tust du nicht, was ich von dir erwarte?
16. Ich zögere zwischen diesen beiden Möglichkeiten. Welche ist die beste?
17. Woraus besteht deine Arbeit? Ich frage mich, welche Beschäftigung du hast.
18. Diese Soldaten haben schreckliche Tage erlebt, sie wollen uns aber nicht sagen, welche die schlimmsten waren.

4

Complétez par des pronoms ou des déterminants interrogatifs:

1. J'aimerais savoir ... tu as dans la tête.
2. De ... vous plaignez-vous?
3. Elle voudrait l'aider, mais ... faire pour lui?
4. A ... trouve-t-elle une consolation?
5. ... écrivent vos amis?
6. Tu connais quelques morceaux de Bach; ... peux-tu me jouer sans faute?
7. Il y a du givre (Raureif) sur les arbres. – Sur ...? Je ne vois rien.
8. A ... amies as-tu fait tes adieux?
9. ... offrir à un enfant qui a déjà tout?
10. Il faudrait que j'achète quelque chose pour Claude, mais ...?
11. Parfois il ne sait plus ... il dit.
12. ... me déplaît en lui, c'est son égoïsme.
13. Vous aimez les films de Chabrol? ... avez-vous vus?
14. Pierre a été enthousiasmé par vos estampes. – Par ... en particulier?
15. Si je savais ... te ferait plaisir, j'achèterais enfin ton cadeau d'anniversaire.
16. Sur ... peut-on encore compter et en ... peut-on encore avoir confiance?
17. J'aurais encore beaucoup de choses à te dire. – ...?
18. Va voir ... Mathieu fait dans sa chambre.
19. Dalí ou Picasso? Pour ... exposition se décider?
20. Tout ... je peux dire ne sert à rien. Avec ... arguments peut-on les convaincre?
21. ... va m'aider à porter cette grosse valise? Je me demande ... il y a dedans.
22. Quand on ne sait pas de ... on parle, il vaut mieux se taire.
23. Pour ... raisons veux-tu que je te croie et avec ... essaies-tu toujours de me persuader?
24. Je me souviens de beaucoup d'élèves, mais ... se souviennent encore de moi?
25. ... me déplaît dans l'art moderne, ce sont ces couleurs criardes (grell).
26. Ce raisonnement n'est pas logique et on se demande sur ... il repose et ... peut défendre cette théorie.
27. A l'aide de ... ou de ... as-tu fait cet exercice? D'un livre de solutions ou d'un copain?
28. Mais ... tu fais là? Je n'arrive pas à imaginer ... se passe dans ta tête et ... tu passes ton temps.

4 Das Adjektiv (L'adjectif)

§ 23 Die Veränderlichkeit des Adjektivs

Das Adjektiv richtet sich in attributiver und prädikativer Stellung in Geschlecht und Zahl nach dem Nomen, auf das es sich bezieht.

§ 23.1	Aimez-vous la salade vert**e**? Ce sont de bon**nes** oranges.	**attributive Stellung** (direkt beim Nomen)
§ 23.2	Cette salade est vert**e**. Ces oranges sont bon**nes**.	**prädikative Stellung** (nach bestimmten Verben wie *être*)
§ 23.3	Danièle et Gérard sont sportif**s**. La littérature et l'esprit allemand**s**.	Bezieht sich das Adjektiv auf mehrere Nomen verschiedenen Geschlechts, so steht es im Maskulin Plural.
§ 23.4	 un coin tranquille une rue tranquille un chemin étroit une rue étroit**e** Beachte die Schreibung: aigu, aigu**ë**; ambigu, ambigu**ë** – un **beau** parc un **bel** appartement une **belle** maison – un **vieux** garçon un **vieil** homme une **vieille** femme – un **nouveau** client un **nouvel** élève une **nouvelle** amie	**Femininum und Maskulinum:** – Ungefähr 50% aller Adjektive haben nur eine Form und enden immer auf **-*e*** – Das Femininum der anderen Adjektive wird durch Anhängen von **-*e*** an das Maskulinum gekennzeichnet. – Einige Adjektive haben drei Formen im Schriftbild. Die Formen ***bel, vieil, nouvel*** werden nur im Singular verwendet, und zwar vor maskulinen Substantiven, die mit Vokal anlauten.

Adjektive mit besonderer Schreibweise in der femininen Form
(was nicht unter beachte angeführt ist, folgt dem angebenenen Muster, mit Ausnahme einiger selten gebrauchter Adjektive)

§ 23.5	**-er**	**-ère**	**-et**	**-ète**
	léger	légère	complet	complète
	Beachte die Aussprache:		**Beachte:**	
	cher [ʃɛ:r]	chère	cadet	cadette
	amer [amɛ:r]	amère	coquet	coquette
	fier [fjɛ:r]	fière	muet	muette
			net [nɛt]	nette
	-ier	**-ière**	**-f**	**-ve**
	dernier	dernière	actif	active
			bref	brève
			juif	juive
			naïf	naïve
			neuf	neuve
			vif	vive
	-eux	**-euse**	**-s**	**-sse**
	curieux	curieuse	gros	grosse
			bas	basse
			ebenso:	
			faux	fausse
			roux	rousse
			Beachte:	
			doux	douce
	-eur	**-euse**	**-(i)en**	**-(i)enne**
	menteur	menteuse	ancien	ancienne
	Beachte:		européen	européenne
	consolateur	consolatrice		
	destructeur	destructrice		
	-el	**-elle**	**-on**	**-onne**
	naturel	naturelle	breton	bretonne
	-eil	**-eille**	**-ul**	**-ulle**
	pareil	pareille	nul	nulle

§ 23.6	**Sonderformen** sec – sèche blanc – blanche franc – franche frais – fraîche sot – sotte long – longue gentil [ʒɑ̃ti] – gentille [ʒɑ̃tij] favori – favorite	turc – turque grec – grecque public – publique vainqueur – victorieuse hébreu – hébraïque
§ 23.7	un chat noir des chats noirs	**Singular und Plural:** Der Plural wird meist durch Anhängen eines *-s* an den Singular gebildet.
	un nouveau livre de nouveaux livres	**Sonderformen:** – Maskuline Singularformen auf *-eau* erhalten im Plural ein *-x*
	un fauteuil bas des fauteuils bas un bijou précieux des bijoux précieux	– Maskuline Singularformen auf *-s* und *-x* bleiben im Plural unverändert.
	un principe moral des principes moraux **ebenso:** amical, -aux; brutal, -aux; génial, -aux; etc. **beachte aber:** banal, -s; final, -s; fatal, -s; naval, -s	– Maskuline Singularformen auf *-al* bilden den Plural Maskulinum auf *-aux*
	des paroles aigre**s**-douce**s** **aber:** des ondes ultr**a**-courte**s**	Bei **zusammengesetzten** Adjektiven werden nur die Elemente verändert, die auch alleinstehend veränderlich sind.
	des pantalons bleu marine	**Zusammengesetzte Farbadjektive** sind unveränderlich
	des robes marron orange aubergine	**Farbadjektive**, die von **Nomen** abgeleitet sind, sind ebenfalls unveränderlich.

§ 24 Die Stellung des attributiven Adjektivs

§ 24.1	- une jupe jaune - un objet pointu - une amie anglaise - le parti démocrate - les rites musulmans - un salon confortable - un homme bon comme la vie - des jardins fleuris	**Nachgestellt:** Adjektive, die - Farben - Formen - Nationalitäten - politische Zugehörigkeit sowie - Religionen bezeichnen; - mehrsilbige Adjektive - Adjektive mit Ergänzungen - als Adjektiv gebrauchte Partizipien
§ 24.2	- un vieil ami - une mauvaise surprise - de vilaines manières - de courtes vacances (Dauer) - une veste courte (math. Länge)	**Vorangestellt** werden folgende kurze und häufig gebrauchte Adjektive: *grand, petit, jeune, vieux;* *bon, mauvais; long, court;* *beau, joli, gros, vilain.* **Beachte:** In **räumlicher** Bedeutung steht *court* fast immer, *long* meist nach dem Substantiv.
§ 24.3	- un ancien officier (ehemalig) - une armoire ancienne (sehr alt) - une nouvelle voiture (anderes) - des idées nouvelles (neuartig) - sa propre mère (eigen) - un hôtel propre (sauber)	**Adjektive mit wechselnder Bedeutung** bei Voran- bzw. Nachstellung: *ancien* *nouveau* *propre*
§ 24.4	- un voyage long et beau - un hôtel propre et moderne - un chat gros et paresseux	**Stellung mehrerer Adjektive** beim Nomen: Es ist immer richtig, beide Adjektive, mit *et* verbunden, nachzustellen, gleich ob sie allein vor- oder nachgestellt würden.

§ 25 Die Vergleichsformen des Adjektivs

§ 25.1	– Pierre est **aussi** grand **que** moi. – Elle est **moins** grande **que** moi. – Elle est **plus** sportive **que** moi.	**Komparativ:** Gleichheit: *aussi … que* Unterlegenheit: *moins … que* Überlegenheit: *plus … que*
§ 25.2	– Quelle est la ville **la moins** touristique de la côte? – Qui est **le plus** entêté de tous?	**Relativer Superlativ** Unterlegenheit: *le/la/les moins* + Adj. Überlegenheit: *le/la/les plus* + Adj.
§ 25.3	– Elle est extrêmement douée.	**Absoluter Superlativ:** *extrêmement/très/tout à fait* + Adj.
§ 25.4	**Sonderformen** bon, -ne – meilleur,e – le/la/les meilleur(e, s) petit,e (gering) – moindre – le/la/les moindre(s) mauvais,e (schlimm) – pire – le/la/les pire(s)	

1

Accordez les adjectifs entre parenthèses:

1. Dans ce restaurant nous avons mangé de … glaces. (gros)
2. Regarde ces pierres … dans la vitrine du bijoutier. (précieux)
3. Avez-vous visité les chantiers … de St. Nazaire? (naval)
4. Ce pays connaît une crise … (financier)
5. Aimez-vous les crêpes …? (breton)
6. Ces chaises … (bas) sont d' … (ancien) prie-dieu [m.] (Gebetsstühle).
7. Elle mène une vie très … (actif)
8. Le prêtre lui a dit des paroles … (consolateur)
9. La crême de ce gâteau est trop … (gras)
10. Il y a malheureusement encore beaucoup de maladies … (mortel)
11. Brigitte est une amie … (discret) qui, de plus, n'est jamais … (jaloux).
12. Le blessé avait reçu des coups … sur tout le corps. (brutal)
13. La cuisine … est très aromatisée. (grec)
14. Les héroïnes de Balzac sont tantôt … (naïf), … (sot), … (cruel), … (coquet), … (destructeur), mais jamais … (banal).
15. Donnez-moi une réponse … (franc) et je vous donnerai carte … (blanc).
16. Je n'aime pas sa mine … (moqueur)
17. Il est difficile de connaître la valeur … (réel) de ces assiettes … (ancien).
18. Elle a des parents très … (libéral)
19. Parfois les infirmières passent des nuits … à l'hôpital. (entier)
20. De notoriété …, on savait qui était le coupable. (public)
21. Il aime les pull-overs … (vert foncé) et les pantalons … (marron)

2

Accordez les adjectifs et mettez-les à la place qui convient:

1. Maupassant a écrit un roman qui s'appelle … Ami …. (beau)
2. Etes-vous membre du … club …? (franco-allemand)
3. Marianne n'est restée qu'un … instant … à la maison. (court)
4. Un guide me conduisit dans une … pièce … (embaumé = duftend), mais je ne reconnus pas cette … odeur … (frais et exquis).
5. On nous apporta une … brioche … (dur comme de la pierre)
6. Des … rideaux … (rouge foncé) encadraient les fenêtres de … façon … (très décoratif).
7. Sa … secrétaire … tape très vite. (nouveau)
8. Ce sera une … soirée … (élégant); mets une … robe … (long) et des … chaussures … (habillé).
9. Ce sont là ses … paroles … (propre)
10. Cette … fille … (boudeur) aura des difficultés avec son … caractère … (mauvais).

3

Comparez les deux éléments de phrase:

a) égalité (Gleichheit)

b) supériorité (Überlegenheit)

c) infériorité (Unterlegenheit)

1. Notre professeur de géographie est sévère, celui de français l'est aussi.

   a: ______________________________

   b: ______________________________

   c: ______________________________

2. Nadine est bonne en dessin, Nathalie l'est aussi.

   a: ______________________________

   b: ______________________________

   c: ______________________________

3. En Corse, certaines routes sont mauvaises, en Grèce aussi.

   a: ______________________________

   b: ______________________________

   c: ______________________________

4. La grippe de Claude est mauvaise (schlimm), celle de son frère aussi.

   a: ______________________________

   b: ______________________________

   c: ______________________________

4

Traduisez:

1. Ich habe nicht die geringste Ahnung davon.
2. Sie ist äußerst empfindlich (susceptible).
3. Kennst du das beste Restaurant der Stadt?
4. Wir haben die älteste Kirche der Gegend besichtigt.
5. Wir haben freundschaftliche Beziehungen (rapport) mit diesen Leuten.

5 Das Adverb (L'adverbe)

Das Adverb bezieht sich auf ein Verb, ein Adjektiv oder auf ein anderes Adverb.
Es ist **unveränderlich**.
Es gibt zwei Adverbarten:

1. die einfachen (= nicht abgeleiteten) Adverbien wie *alors, déjà, enfin, partout, puis, souvent, toujours, trop, bien, mal, beaucoup* (beim Verb), *très* (+ Adjektiv oder Nomen) etc.
2. die abgeleiteten Adverbien; sie enden in der Regel auf *-ment*.

§ 26 Die Bildung der abgeleiteten Adverbien

§ 26	soigneux, -euse facile, facile	soigneusement facilement	Das Adverb wird durch Anhängen von ***-ment*** an die feminine Form des Adjektivs gebildet.
	poli,e vrai,e **aber:** gai,e	poliment vraiment gaiement	Endet die feminine Form des Adjektivs im **Lautbild** auf einen Vokal, so **entfällt meistens** das **-e**.
	élégant récent	élégamment récemment	Die meisten Adjektive auf *-ent/-ant* bilden das Adverb auf *-emment/-amment.*

Sonderfälle

Einige Adverbien enden auf ***-ément:***

assurément	confusément	précisément
communément	expressément	profondément
conformément	forcément	impunément (ungestraft)
énormément	intensément	

Einige Adverbien haben unregelmäßige Formen oder Nebenformen:

gentiment	bien	gravement/grièvement (vor blessé)
brièvement	mieux	
	mal	rapidement/vite

§ 27 Die Stellung der Adverbien beim Verb

§ 27.1	Les élèves **ont beaucoup** travaillé. Je la **rencontre souvent**. Il **faut bien** respirer.	Die **einfachen** Adverbien stehen **nach der konjugierten Verbform**
§ 27.2	J'ai **réfléchi profondément** à la question. Tu devrais **écrire lisiblement**.	Die **abgeleiteten** Adverbien stehen in der Regel **nach dem Vollverb**.
§ 27.3	**Généralement**, elle arrive à l'heure.	Bezieht sich das Adverb auf den **ganzen Inhalt des Satzes**, so steht es am **Satzanfang**.

§ 28 Die Vergleichsformen des Adverbs

§ 28.1	Il roule **aussi** vite **que** moi. Elle court **moins** vite **que** toi. Je parle **plus** vite **que** lui.	Die regelmäßige Steigerung entspricht der der Adjektive. **Komparativ:** Gleichheit: *aussi … que* Unterlegenheit: *moins … que* Überlegenheit: *plus … que*
§ 28.2	Vous parlez **le moins** distinctement. Elle court **le plus** vite.	**Relativer Superlativ:** Unterlegenheit: *le moins* Überlegenheit: *le plus* **Beachte:** der Artikel lautet **immer *le***
§ 28.3	Il explique **extrêmement** bien.	**Absoluter Superlativ:** *très/extrêmement* + Adverb

Sonderformen		
bien	mieux	le mieux
peu	moins	le moins
beaucoup	plus	le plus

§ 29 Adjektiv statt Adverb

Bei einigen Verben wird in bestimmten Verbindungen das Adjektiv in adverbialem Sinn gebraucht. Es ist in solchen Wendungen immer **unveränderlich**.

coûter cher	teuer sein	peser lourd	schwer wiegen
vendre cher	teuer verkaufen	parler haut/bas	laut/leise sprechen
chanter juste	richtig singen	refuser net	glatt abschlagen
chanter faux	falsch singen	sentir bon	gut riechen
sonner juste	richtig klingen	sentir mauvais	schlecht riechen
sonner faux	falsch klingen	travailler dur	hart arbeiten
deviner juste	richtig raten	tenir bon	standhalten
gagner gros	viel verdienen	voir clair	klar sehen

1

Employez les adverbes dérivés des adjectifs entre parenthèses:

1. Elle parle toujours … à ses enfants. (gentil)
2. Pendant la composition, l'élève jouait … avec son stylo. (nerveux)
3. Le coureur a gardé … la même vitesse. (constant)
4. Il a répondu … aux questions. (confus)
5. Les petits jouent … dans le jardin. (tranquille)
6. Me dis-tu … ce que tu penses? (vrai)
7. Les paysans mangeaient … leur soupe. (bruyant)
8. C'est … ce que j'allais dire. (précis)
9. Ta sœur? Je lui ai téléphoné … (récent)
10. Il est … nécessaire que tu ailles le voir. (absolu)

2

Traduisez:

1. Dieser Handwerker arbeitet sorgfältiger als seine Kollegen.
2. Die ganze Familie grüßte höflich.
3. Luc schreibt langsamer als die anderen Schüler.
4. Diese Gruppe singt am besten.
5. Am Strand langweile ich mich am meisten.
6. Wir waren in der Gegend Frankreichs, in der es am wenigsten regnet.
7. Er malt nicht schlecht, aber seine Frau malt noch besser.
8. Überquere die Straße vorsichtig.

3

Adjectif ou adverbe? Accordez les adjectifs si nécessaire:

1. Bien que cette chanteuse chante … (faux), elle est très … (connu).
2. Pour … (bon) travailler, il faut avoir les idées … (clair).
3. Je vois … (parfait) que tu n'as rien compris.
4. Ce … (nouveau) parfum sent très … (bon).
5. Ne parlez pas aussi … (rapide) et surtout moins … (bas).
6. Elle écrit trop … (lent) pour avoir fini à temps.
7. C'est un travail … (extrême) (difficile), mais tu peux gagner … (gros).
8. Ne porte pas ton petit frère, il pèse trop … (lourd) pour toi.
9. C'est une odeur … (terrible): ça sent … (mauvais) dans tout le quartier.
10. Notre dentiste est … (vrai) (adroit) et parle toujours … (gentil) à ses clients.
11. Manger … (rapide) est … (malsain).
12. Michel conduit … (prudent), mais il réagit trop … (lent) dans les situations … (dangereux).
13. Elle s'habille … (élégant) et entretient … (soigneux) ses vêtements.
14. Les maisons … (grave) endommagées par l'orage seront reconstruites … (prochain).

4

Complétez par *mauvais* ou *mal*. Accordez l'adjectif si nécessaire:

1. Ne prenez pas cet ascenseur, il fonctionne …
2. Cette eau sent tellement … qu'on ne peut même pas l'utiliser pour se laver les dents.
3. Sans lunettes, il voit très …
4. Ne répète jamais ce que tu as … compris.
5. Trop de soleil est … pour la peau.
6. Ce médicament laisse un … goût dans la bouche.

5

Complétez par *bon* ou *bien*. Accordez l'adjectif si nécessaire:

1. Rien de tel qu'un … café pour se sentir en forme!
2. Ce ne sera pas une … année pour le vin.
3. Dans ce restaurant on mange particulièrement …
4. Ces panneaux n'indiquent pas … la direction à prendre.
5. N'allez pas chez ce coiffeur, il ne coupe pas … les cheveux.
6. L'automne est une … saison pour les peintres.

6

Complétez par *meilleur* ou *mieux*. Accordez si nécessaire:

1. Cet acteur joue … que son père.
2. Achète-toi une … chaîne stéréo, le son de celle-ci est épouvantable.
3. Te sens-tu … dans ton nouveau quartier?
4. Une promenade me semble … contre le mal à la tête que tant de comprimés.
5. Beaucoup de gens pensent que le veau est de … qualité que le porc.
6. Il ferait … de travailler régulièrement.

7

Complétez par *beaucoup* ou *très*:

1. M. Duval est un professeur … consciencieux.
2. Ta robe me plaît … . Je vais m'acheter la même.
3. Il a fallu des hommes … courageux pour découvrir de nouveaux continents.
4. Les meubles anciens sont en bois … solide.
5. Notre voisin fume … parce qu'il est … nerveux.
6. Pendant les vacances, je n'aime pas … écrire aux amis.

6 Die Zeiten des Verbs

Überprüfen Sie Ihren Wissensstand (§ 30 und § 31).

Complétez au passé composé:

	références
1. Nous … beaucoup de linge. (repasser)	§ 30.1/31.1
2. Les oiseaux … du nid. (tomber)	§ 30.2/31.3
3. Elle … clairement. (ne pas s'expliquer)	§ 30.2/31.2
4. Ces fleurs, je les … embaumer toute la maison. (sentir)	§ 30.1/31.4
5. Tu verras les belles photos que je/j' … (prendre)	§ 30.1/31.1
6. Elle … les ongles. (ne pas se nettoyer)	§ 30.2/31.2
7. Le professeur … malade. (être)	§ 30.1/31.1
8. Ses livres, elle les … venir par la poste. (faire)	§ 30.1/31.4
9. La fleuriste … les fleurs. (rentrer)	§ 30.3/31.1
10. Elle … à la corde dans l'appartement. (sauter)	§ 30.1/31.1
11. Il … depuis la guerre. (disparaître)	§ 30.3/31.1
12. Combien de haut-parleurs …-tu … ? (installer)	§ 30.1/31.1

§ 30 passé composé

Das *passé composé* wird gebildet aus dem Präsens der Hilfsverben *avoir* bzw. *être* und dem Partizip Perfekt *(participe passé)* des Hauptverbs.

§ 30.1 Bildung mit *avoir*

§ 30.1.1	Il a eu de la chance. Nous avons été très heureux de te rencontrer.	die Verben *avoir* und *être*
§ 30.1.2	Vous avez pris **des photos**. J'ai répondu **à ta lettre**.	alle Verben, die ein direktes oder ein präpositionales Objekt haben
§ 30.1.3	Tu as dormi trop longtemps.	die meisten intransitiven Verben (Ausnahmen siehe 2.2.)
§ 30.1.4	Il a fallu partir. Il a beaucoup neigé.	die ausschließlich unpersönlich gebrauchten Verben
§ 30.1.5	Ils ont **sauté** par la fenêtre. As-tu **couru** vite?	die Verben, die eine Bewegungs- oder Gang**art** ausdrücken

§ 30.2 Bildung mit *être*

§ 30.2.1	Pierre s'est blessé. Je me suis dépêché(e).	alle reflexiven Verben

<table>
<tr>
<td>§ 30.2.2</td>
<td>Elle est montée*.

Nous sommes resté(e)s* à la maison.

Il est rentré tard.

Elle est morte* en 1964.

Ils sont tombés*.

Elle est sortie* avec lui.

A quelle heure êtes-vous arrivé(e,s)*?

Es-tu tombé(e)* par terre?</td>
<td>die intransitiven Verben, die eine Bewegungsrichtung ausdrücken. (Beachte 1.3., 1.5. und 3.)
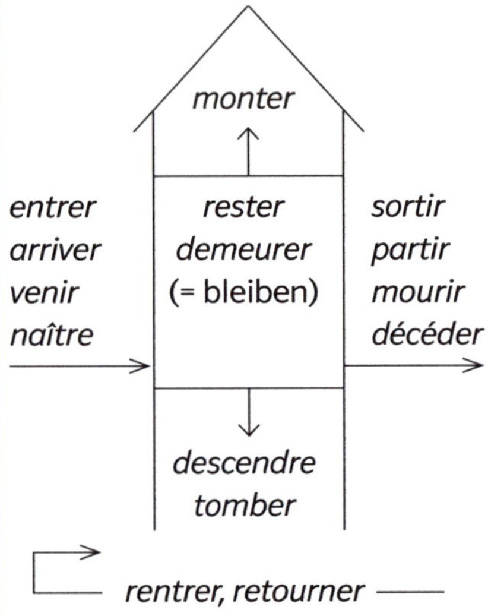
</td>
</tr>
<tr>
<td>§ 30.2.3</td>
<td>Nous sommes allé(e)*s à Paris.
Elle est devenue* folle.</td>
<td>die Verben aller und devenir</td>
</tr>
</table>

*Veränderlichkeit siehe § 31.2

§ 30.3 Wechselnder Gebrauch von «avoir» und «être»

<table>
<tr>
<td>§ 30.3</td>
<td>Il a descendu/monté la valise.
(= hinauf-/hinuntergebracht)
Elle a rentré la voiture.
(= hineingefahren)
Il a sorti un livre des étagères.
(= herausgenommen)
Il a retourné son pull.
(= gewendet oder zurück-gegeben)</td>
<td>Folgende Verben der Bewegungsrichtung (siehe 2.2) werden mit avoir verbunden, wenn sie transitiv (mit direktem Objekt) gebraucht werden:
descendre, monter, rentrer, sortir, retourner.
Beachte die Bedeutungsänderung!</td>
</tr>
<tr>
<td></td>
<td>Il a changé ces derniers temps.
Le bijou a disparu il y a un mois.
Ton frère est tout changé depuis hier.
Le livre est paru depuis un an.</td>
<td>changer und (dis)paraître
mit avoir: Vorgang, Tätigkeit
mit être: Zustand</td>
</tr>
</table>

§ 31 Die Veränderlichkeit des Partizip Perfekts

§ 31.1 Veränderlichkeit des Partizip Perfekts (p. p.) bei «avoir»

§ 31.1.1	Nous avons dépensé toutes nos forces. Elle a écouté de la musique. Elles ont joué.	Das p. p. wird nicht verändert, wenn dem Verb kein direktes Objekt vorangeht.
§ 31.1.2		Das p. p. richtet sich in Geschlecht und Zahl nach einem **vorausgehenden direkten** Objekt. Dieses Objekt kann sein:
	Tes sœurs? Je **les** ai vu**es** hier.	a) ein Personalpronomen z. B. *le, la, les, nous* etc.
	Regarde **les cartes que** j'ai écrit**es**.	b) das Relativpronomen *que*
	Quelle histoire as-tu préféré**e**? **Combien de maisons** avez-vous visité**es**?	c) *quel* oder *combien de* + Substantiv in Frage- und Ausrufesätzen
	En voilà des gâteaux! **Lesquels** avez-vous confectionn**és** vous-mêmes?	d) das Fragepronomen *lequel*

§ 31.2 Veränderlichkeit des p. p. bei «être» (reflexive Verben)

§ 31.2.1	Anne **s'**est lavé **les mains**. wem? (indirekt) — wen/was? (direkt)	Grundsätzlich gelten die gleichen Regeln wie bei *avoir* (siehe oben) Ist das Reflexivpronomen **indirektes** Objekt, wird das p. p. **nicht** verändert. Das direkte Objekt steht dann nach.
§ 31.2.2	Anne **s'**est lav**ée**. wen? (direkt)	Ist das Reflexivpronomen **direktes** Objekt, richtet sich das p. p. in Geschlecht und Zahl nach diesem.
§ 31.2.3	(wen/was) Ce sont **les chaussures que** je me suis achet**ées**. (wem)	Sonst gelten die Regeln von 1.2

§ 31.3 Veränderlichkeit des p. p. bei «être» (Verben der Bewegungsrichtung)

§ 31.3	Je crois qu'**ils** sont rentré**s** tard. **Elle** est tombé**e** deux fois. **Elles** sont monté**es** dans le train. **Jean et Claudine** sont revenu**s**.	Das p. p. richtet sich in Geschlecht und Zahl nach dem Subjekt.

§ 31.4 passé composé + Infinitiv

§ 31.4.1	Je ne les ai pas laissé venir. Nous les avons fait entrer.	*laisser/faire* Das p. p. dieser Verben bleibt vor Infinitiv immer unverändert.
§ 31.4.2	Corinne? Je l'ai vue pleurer. Obj. von voir: l' (= Corinne) = **Subj.** v. pleurer → Corinne pleure. (**Wer** weint?) Les airs à la mode? Je les ai entendu jouer. Obj. von entendre: les **Obj.** von jouer: les (**Was** spielt man?) (Wen)	Verben der sinnlichen Wahrnehmung: a) Ist das direkte Objekt das (Sinn)**Subjekt des Infinitivs**, so richtet sich das p. p. in Geschlecht und Zahl nach diesem Objekt. b) Ist das Pronomen direktes **Objekt des Infinitivs**, so bleibt das p. p. unverändert.

Après révision des règles § 30.1. et 2., faites les exercices suivants:

1

Mettez le texte suivant au passé composé:

Quand on n'écrit pas lisiblement …

Cet après-midi, Roger s'ennuie beaucoup à la maison. Vers six heures, il décide de s'occuper un peu. Pour faire plaisir à sa mère il ouvre le buffet, prend les assiettes et met le couvert. Puis il va à la cuisine chercher les boissons. Alors le téléphone sonne. Il court dans le bureau de son père et répond. Il écrit le nom du monsieur pour ne pas l'oublier. Quand M. Lafont, le père de Roger, arrive, son fils lui parle du coup de téléphone. Roger cherche l'adresse. Il essaie de lire le nom gribouillé en vitesse, mais il ne peut pas. Son père se fâche et le traite d'idiot. Roger commence à pleurer, quitte la pièce et s'enferme dans sa chambre.

2

Complétez les phrases au passé composé:

1. Elle … pendant tout le voyage. (dormir)
2. Il … il y a une heure. (sortir)
3. Nous … le métro pour visiter Paris. (prendre)
4. Ils … une voiture neuve. (acheter)
5. Il … d'adresse. (se tromper)
6. Tu … beaucoup de fautes dans ta dictée. (faire)
7. Il … en 1966. (naître)
8. Il … à l'heure? (arriver)
9. Il … ses amis au théâtre. (apercevoir)
10. Je … beaucoup de cartes postales. (recevoir)
11. Il … deux fois voir le même film. (retourner)
12. Elles … dix ans en France. (vivre)
13. Le chat … du toit en miaulant. (descendre)
14. Patrick … en Bretagne où il … beaucoup cette année. (aller), (pleuvoir)
15. André … à la mer. (s'amuser beaucoup)

Exercices d'application des règles des §§ 30 et 31:

3

Mettez les verbes entre parenthèses au passé composé.
Faites l'accord des participes si nécessaire:

(Le petit Nicolas doit s'occuper de son invitée Louisette.)
Moi, je … (sortir) mes livres du placard et je les … (donner) à Louisette, mais elle … (ne pas les regarder) et elle les … (jeter) par terre. «Ça ne m'intéresse pas tes livres, elle me … (dire), Louisette, t'as pas quelque chose de plus rigolo?» et puis elle … (regarder) dans le placard et elle … (voir) mon avion. «Laisse ça, je … (dire), c'est pas pour les filles, c'est mon avion!» et je … (essayer) de le reprendre, mais Louisette … (s'écarter). […]
L'hélice pour remonter l'élastique, elle la … (faire) tourner et puis elle … (lâcher) ma machine. Elle la … (lâcher) par la fenêtre de ma chambre qui était ouverte, et l'avion … (partir). «Regarde ce que tu … (faire), je … (crier). Mon avion est perdu» et je … (se mettre à) pleurer. «Il n'est pas perdu, me … (dire) Louisette, il … (tomber) dans le jardin, on n'a qu'à aller le chercher.»

D'après Sempé/Goscinny: Le Petit Nicolas, Ed. Denoël 1960, pp. 84–86

4

Mettez le texte suivant au passé composé:

La famille Dupin profite d'une belle journée pour aller en forêt. Ils marchent pendant des heures à l'ombre des grands arbres. Tout à coup Brigitte butte et tombe sur une grosse pierre. Elle se relève tout de suite, mais son genou commence à saigner. Mme Dupin propose alors d'aller boire quelque chose et de se reposer un peu. Ils se dirigent tous vers une auberge non loin de là. Ils entrent dans une grande salle rustique et s'assoient à une table près de la fenêtre. De là, ils admirent le paysage environnant. Le garçon vient et M. Dupin commande des jus de fruits. Ils boivent, puis ils paient. Brigitte va aux toilettes et lave son genou. Quand elle revient, ils se remettent tous en route.

5

Mettez au passé composé et accordez les participes passés si nécessaire:

1. Ce sont des choses que je/j' ... dire, mais je n'y crois pas. (entendre)
2. Les skis que tu ... du grenier, feront encore l'affaire cette année. (descendre)
3. Pour leurs anniversaires, Martine et Luc ... de beaux cadeaux. (s'offrir)
4. Les élèves que vous ... attendre devant le lycée repartent cet après-midi en Angleterre. (voir)
5. Aujourd'hui elle ... son record; elle ... le 100 m en 58 secondes. (battre; nager)
6. Je ne sais pas pourquoi Valérie ... inviter par ce garçon. (se laisser)
7. Ils ... des injures, mais ils ... peu après. (se dire; se réconcilier)
8. Pourquoi Fabienne ... dans ce train? Il ne va pas à Paris! (monter)
9. Nous ... gronder par nos parents parce que nous ... trop tard. (se faire, revenir)
10. Je la/l' ... hier et elle ... (aider; ne pas remercier)

6

Accordez les participes passés où c'est nécessaire:

1. Où sont vos filles? – Nous les avons laissé ... aller au cinéma.
2. C'est vrai, je les ai vu ... passer devant chez nous (les filles).
3. Regardez ma belle nappe. Je l'ai fait ... broder à ma femme de ménage.
4. Les Morin sont arrivé ... Je les ai fait ... asseoir au salon.
5. Mireille voulait rentrer à l'heure, mais son ami ne l'a pas laissé ... partir.
6. Ils ont essayé ... de tricher, mais ils se sont fait ... prendre.

7

Traduisez:

1. Erzähle mir von den Filmen, die du gesehen hast.
2. Sie hat sich selbst die Haare geschnitten.
3. Ich habe sie (= Nicole) sich nicht ausruhen lassen.
4. Wir haben uns bemüht (s'efforcer de), ihnen eine Freude zu machen.
5. Die Hunde haben gehorcht und sind sofort herbeigelaufen.
6. Nein, dies sind nicht die Bücher, die ich bestellt habe.
7. Welche Freunde hast du eingeladen?
8. Hast du gesehen, wie viele Kleider sie gekauft hat?
9. Ich habe gesehen, dass sie geweint hatte.

§ 32 und § 33: imparfait und passé composé

Überprüfen Sie Ihren Wissensstand.

Mettez les verbes entre parenthèses au temps qui convient:

références

1. Les jours de pluie, il (faire) … toujours une partie d'échecs § 32.4
   avec son frère.
2. Il n'y a personne chez eux: ils (partir) … ce matin. § 33.3
3. En été, sa sœur (nager) … souvent avant d'aller au travail. § 32.4
4. Vos amis sont déjà là? – Oui, ils (arriver) … il y a une heure. § 33.3
5. Chaque fois qu'il (répondre) … au téléphone, il § 32.2
   (prendre) … note de ce qu'on lui § 32.2
   (communiquer) … § 32.2
6. Nous nous (amuser) … beaucoup à la fête quand il § 32.3
   (commencer) … à pleuvoir. § 33.1
7. Une petite fille (s'approcher) … de nous, § 33.2
   (tendre) … la main et nous § 33.2
   (dire) … qu'elle § 33.2
   (ne pas avoir) … d'argent pour acheter du pain. § 32.1
8. Le jour où j' (apprendre) … cela, § 33.4
   je (ne pas le croire) … tout de suite. § 33.4
9. De notre chambre, nous (entendre) … les vagues qui § 32.1
   (déferler) … sur la plage. § 32.1

Dem deutschen Präteritum entsprechen in der französischen Sprache zwei Zeit**aspekte**: das *imparfait* und das *passé composé* (literarisch das *passé simple*). Damit dem Deutschen der ständig wechselnde Gebrauch dieser Zeiten klar wird, müssen folgende Regeln beachtet werden:

§ 32 imparfait

§ 32.1	Nous étions en vacances; il faisait beau chaque jour. (Basis einer eventuellen weiteren Erzählung)	Das ***imparfait*** bezeichnet **den Hintergrund der Erzählung** (Zustände; Begleitumstände; Geschehnisse, deren Anfang oder Ende nicht genannt werden)
§ 32.2	Pendant que je lisais le journal, ma sœur regardait des magazines féminins.	**die Gleichzeitigkeit** mehrerer **parallel** verlaufender Handlungen
§ 32.3	Je regardais les photos de notre dernier voyage quand nos amis sont arrivés (→ § 33.1)	**Handlungen, die noch andauern, wenn eine neue einsetzt**
§ 32.4	Le matin, il se levait toujours à la même heure et ne manquait jamais d'écouter les informations de sept heures.	**Handlungen, die sich in der Vergangenheit wiederholten** oder **gewohnheitsmäßig** geschahen

Beachte:
Wird der Temporalsatz durch *pendant que* eingeleitet, neigt man dazu, das *imparfait* sowohl im Haupt- als auch im Nebensatz anzuwenden, da *pendant que* die Gleichzeitigkeit ausdrückt.

Jedoch ist Folgendes zu beachten:

1. Die Handlung des Hauptsatzes verläuft parallel zu der des Nebensatzes: in diesem Fall stehen beide Satzteile im *imparfait* (siehe § 32.2):

   Pendant que ses invités prenaient l'apéritif, Mme Leroc terminait le déjeuner à la cuisine.

2. Während die Handlung des Nebensatzes abläuft, setzt die Handlung des Hauptsatzes neu ein. In diesem Fall steht im Nebensatz das *imparfait* (siehe § 32.3) und im Hauptsatz das *passé composé* (siehe § 33.1):

   Pendant que ses invités prenaient l'apéritif, Mme Leroc a dû aller au téléphone.

§ 33 passé composé

§ 33.1	Nous étions en vacances (→ § 32.3) lorsque nous avons appris cette nouvelle.	Das ***passé composé*** bezeichnet **plötzlich oder neu einsetzende Handlungen oder Geschehnisse**
§ 33.2	Ma sœur a lu le journal, puis elle a regardé des magazines et enfin elle s'est mise au travail.	**aufeinander folgende Handlungen** (die 1. ist abgeschlossen, wenn die 2. einsetzt, etc.)
§ 33.3	Ce matin, j'ai regardé les photos de notre dernier voyage.	**Handlungen, die in der Vergangenheit abgeschlossen sind**
§ 33.4	Ce matin-là, il s'est levé plus tôt et a écouté les informations de six heures.	**Handlungen, die sich in der Vergangenheit nur einmal** abgespielt haben

Beachte:
Zu § 33.4: Trotz Wiederholungen steht das *passé composé*, wenn die Handlungen sich in einem **bestimmten** Zeitraum oder zu einem **bestimmten** Zeitpunkt abgespielt haben:

Pendant nos **dernières** vacances, nous nous sommes levés plus tôt que l'an dernier et nous avons écouté les informations avant le petit déjeuner.
Ce jour-là, il m'a appelé plusieurs fois pour prendre de mes nouvelles.

ais
ais
ait
ions
iez
aient

1

Mettez les verbes entre parenthèses au temps qui convient:

Un élève rêveur

Il y (avoir) ...[1] déjà huit jours que Pierre (retourner) ...[2] chaque matin au lycée, mais il (ne pas arriver) ...[3] à croire que les vacances (être) ...[4] déjà finies. Un jour, alors qu'il (rêver) ...[5] le professeur lui (demander) ...[6] de venir au tableau réciter les verbes irréguliers. Pierre (paraître) ...[7] alors très surpris, (se lever) ...[8], (aller) ...[9] au tableau où il (commencer) ...[10] à bégayer. Les autres (se mettre) ...[11] à rire. Le professeur (se fâcher) ...[12] et (renvoyer) ...[13] Pierre à sa place. Là, il (fondre) ...[14] en larmes et (prendre) ...[15] la décision d'oublier la plage, le ciel bleu et les copains de vacances qu'il (aimer) ...[16] tant retrouver chaque année.

L'orage

Ce matin-là, qui (être) ...[1] un dimanche, la place du marché et les rues environnantes (sembler) ...[2] très animées. Le soleil de juin (briller) ...[3] ardemment et des groupes de jeunes (aller) ...[4] et (venir) ...[5] gaiement entre les baraques des forains. On (fêter) ...[6] la St. Jean dans ce petit village du Poitou. Tout à coup, le ciel (s'assombrir) ...[7] et de gros nuages (apparaître) ...[8] à l'horizon. Pourtant personne ne (s'en apercevoir) ...[9] et chacun (continuer) ...[10] à se distraire. Au loin, on (entendre) ...[11] sourdement gronder le tonnerre; les hirondelles (voler) ...[12] plus bas et les arbres (agiter) ...[13] leurs branches comme pour dire aux gens: «Rentrez vite chez vous avant la pluie.» Soudain de grosses gouttes (tomber) ...[14] du ciel qui (avoir) ...[15] pris la couleur du plomb, puis des éclairs (déchirer) ...[16] le ciel. Alors les promeneurs (quitter) ...[17] les manèges, les stands de dégustation de confiseries et, en quelques minutes, la place (se vider) ...[18], laissant les forains seuls et déçus.

2

Mettez les verbes soulignés au temps du passé qui convient:

Un ami rancunier

Patrick: Pourquoi Richard n'ouvre-t-il pas ...[1] la porte quand je sonne ...[2]?

André: Il doit ...[3] être en train de travailler et ne veut pas ...[4] être dérangé.

Patrick: Penses-tu! J'entends ...[5] de la musique et des gens qui rient ...[6].

André: Cela m'étonne. Il me fait ...[7] toujours entrer même quand il a ...[8] des invités.

Patrick: Oui, toi peut-être, mais il ne désire ...[9] certainement pas me présenter à ses amis.

André: Voyons, c'est une plaisanterie; chaque fois qu'on vous voit ...[10] ensemble, vous donnez ...[11] l'impression d'être inséparables.

Patrick: Oui, tu as raison, mais dimanche je suis sorti avec sa petite amie; c'est certainement la raison de son attitude.

3

Traduisez:

Als wir die Tür öffneten und das Haus betraten, hörten wir ein Geräusch. Da das Licht aus war, mussten wir zuerst den Schalter suchen. Man hatte den Eindruck, dass jemand da war, der uns beobachtete. Endlich machte Nicole das Licht an. Wir sahen uns um, konnten aber nichts feststellen. Ich zog meine Jacke aus und wollte sie in der Garderobe aufhängen, als ich wieder etwas hörte. Plötzlich sah ich etwas Schwarzes, das sich bewegte. Ich erkannte Minette, die Katze unserer Nachbarn.

4

Mettez les verbes entre parenthèses à l'imparfait ou au passé composé selon le cas.

Le petit Nicolas: Je fréquente Agnan.

Je (vouloir) ...[1] sortir pour aller jouer avec mes copains, mais maman me (dire) ...[2] que non, qu'il n'en (être) ...[3] pas question, qu'elle (ne pas aimer) ...[4] beaucoup les petits garçons que je (fréquenter) ...[5], qu'on (faire) ...[6] tout le temps des bêtises et que je (être) ...[7] invité à goûter chez Agnan [...].
Moi, je (ne pas avoir) ...[8] tellement envie d'aller goûter chez lui. Maman me (faire) ...[9] baigner, peigner, elle me (dire) ...[10] de mettre le costume bleu marine, la chemise blanche en soie et la cravate à pois. Je (être) ...[11] habillé comme pour le mariage de ma cousine Elvire, la fois où je (être) ...[12] malade après le repas. [...]
C'est la maman d'Agnan qui nous (ouvrir) ...[13] la porte. «Comme il est mignon!» elle (dire) ...[14] elle me (embrasser) ...[15] et puis elle (appeler) ...[16] Agnan [...] qui (venir) ...[17]. Lui aussi (être) ...[18] drôlement habillé, il (avoir) ...[19] une culotte de velours, des chaussures blanches et des drôles de sandales noires qui (briller) ...[20] beaucoup. On (avoir) ...[21] l'air de deux guignols, lui et moi. [...]
Dans sa chambre, Agnan (commencer) ...[22] par me prévenir que je (ne pas devoir) ...[23] lui taper dessus, parce qu'il (avoir) ...[24] des lunettes. [...] Je lui (répondre) ...[25] que je (avoir) ...[26] bien envie de lui taper dessus, mais que je ne le ferais pas. [...] Ça (sembler) ...[27] lui faire plaisir à Agnan et il (commencer) ...[28] à sortir des tas de livres. [...]

D'après Sempé/Goscinny: Le Petit Nicolas, Bibliothèque folio junior, éd. Denoël 1960

§ 34 plus-que-parfait und passé antérieur

Das ***plus-que-parfait*** ist die Vorzeitigkeit des ***imparfait***.

§ 34.1	Je **voyais** bien qu'il n'**avait** rien **compris**.	*Imparfait:* Vergangenheit *Plus-que-parfait:* Vorvergangenheit

Das ***passé antérieur*** ist die Vorzeitigkeit des ***passé simple***.

§ 34.2	Quand elle **eut terminé** sa partition, elle **ferma** le piano.	*Passé antérieur:* Vorvergangenheit *Passé simple:* Vergangenheit

Beachte:
Für die Wahl von *avoir* und *être* und die Veränderlichkeit des *participe passé* bei diesen Tempora gelten die gleichen Regeln wie beim *passé composé* (siehe §§ 30, 31) Das *passé antérieur* findet man vor allem nach *quand* (als), *lorsque* (als), *aussitôt que, dès que, après que, à peine* (+ Inversion) … *que*

Reliez les phrases suivantes comme dans les exemples:

- D'abord il mangeait, ensuite il sortait le chien.
  Quand il avait mangé, il sortait le chien. (quand = immer wenn)
- Elle sortit, puis on entendit le moteur de sa voiture.
  Quand elle fut sortie, on entendit le moteur de sa voiture. (quand = als)

1. **Elle m'invita à Los Angeles, puis je pris l'avion pour les Etats-Unis. (dès que)**
2. **D'abord Mme Dubois faisait la cuisine, ensuite ses enfants attendaient impatiemment l'arrivée de leur père. (quand)**
3. **Une dernière cliente acheta des fleurs et la fleuriste ferma son magasin. (après que)**
4. **Il regardait trop d'émissions, puis s'endormait devant la télévision. (quand)**
5. **D'abord il fit quelques pas vers moi, puis je le reconnus. (lorsque)**
6. **Elle arriva à la maison et la neige commença à tomber. (à peine ... que)**
7. **Ils s'entraînaient pendant des heures, puis ils se retrouvaient au café du coin. (quand)**
8. **Il décidait quelque chose et nous devions obéir. (lorsque)**

§ 35 futur simple und futur composé

Das Französische hat zwei Möglichkeiten, zukünftiges Geschehen auszudrücken: das *futur simple* und das *futur composé*.

§ 35	Nous **viendrons** chez vous le mois prochain.	***Futur simple:*** das Geschehen steht ferner vom Sprechzeitpunkt. Es ist fernes Futur.
	Il **va arriver** d'une minute à l'autre.	***Futur composé:*** das Geschehen steht in enger Beziehung zum Sprechzeitpunkt. Es ist nahes Futur *(futur proche)*.

Beachte: Im **Deutschen** wird hier meist das **Präsens** verwendet.

§ 36 futur antérieur (futur II)

Das *futur antérieur* bezeichnet ein zukünftiges Geschehen, das als bereits abgeschlossen betrachtet wird.

§ 36	Quand j'**aurai lu** ce livre, je te le **prêterai**.	*futur antérieur:* Vorzeitigkeit zu *futur simple*

Beachte:
Im **Deutschen** steht hier meist das **Perfekt**.

§ 37 conditionnel

Das conditionnel als Tempus bezeichnet eine von der Vergangenheit her gesehene Zukunft. Als Zeitform steht es vor allem in der indirekten Rede (siehe §§ 39/40). Dies gilt auch für das *conditionnel passé*.

§ 37	Il nous **a raconté** qu'il **retournerait** un jour en Afrique.	**Hauptsatz:** Zeit der Vergangenheit **Nebensatz:** *Conditionnel* als Ausdruck eines zukünftigen eventuellen Vorgangs.
	Il nous **a promis** une invitation dès qu'il **serait revenu** de vacances.	**Hauptsatz:** Zeit der Vergangenheit **Nebensatz:** *Conditionnel passé* als Ausdruck eines in der Zukunft **abgeschlossenen** Vorgangs.

1

Traduisez:

1. Ich komme heute abend.
2. Sobald wir vom Schwimmbad zurückgekommen sind, bereiten wir das Abendessen zu.
3. Der Rechtsanwalt war der Meinung (être d'avis que), dass der Zeuge nicht kommen würde.
4. Er macht das Abitur in zwei Jahren.
5. Seine Mutter hat immer geglaubt, dass er ihr schreiben würde.
6. Wenn (= sobald) du den Rasen gemäht hast, fahren wir in die Stadt.
7. Michael bestätigte uns, dass seine Schwester das Buch noch vor Weihnachten gelesen haben werde.
8. Seine Freunde dachten, dass er zum Geburtstag seines Vaters anrufen würde.
9. Er hat versprochen, seine Schulden zu bezahlen, sobald er genug Geld gespart haben wird.
10. Warte, ich gebe dir ein paar Blumen aus dem Garten.

2

Exercice récapitulatif (zusammenfassend) de tous les temps du chapitre 6

1. Hier, notre voisin … (trouver) un vieux chien dans la rue.
2. Pendant que le professeur … (parler), les élèves … (prendre) des notes.
3. Comme il … (perdre) tous ses papiers, Franck … (aller) au commissariat de police.
4. Quand on … (mettre) une fin à toutes les guerres, on pourra vivre en paix.
5. Dans un proche avenir, on … (avoir) la possibilité de tout acheter par Internet.
6. Je me suis demandé ce qu'on … (avoir) pu faire pour le sauver.
7. Quand tu … (terminer) ton exposé, tu … (penser) à me rendre mes livres?
8. L'année dernière, il … (dépenser) tout son argent: d'abord il … (s'acheter) une voiture, ensuite il … (passer) deux semaines au Canada, puis il … (fêter) ses cinquante ans en grand style et finalement il … (perdre) beaucoup d'argent au casino.
9. Autrefois les femmes … (rester) au foyer (zu Hause) quand elles … (avoir) des enfants.
10. Au siècle dernier, quand les maris … (partir) au travail, les épouses … (s'occuper) de leur ménage.
11. L'envoyé spécial a fait entendre que le tremblement de terre … (ne pas être) terminé.
12. Avant son départ, elle nous a confié qu'elle … (séjourner) à l'étranger pendant quelques mois.
13. Hier, le dernier jour d'école, elle … (partir) dès que la classe … (terminer).
14. Quand les savants … (découvrir) un médicament pour guérir la cancer, beaucoup de malades … (être) enfin sauvés.
15. Pour l'instant nous … (déjeuner) sur la terrasse mais dans quelques semaines il … (faire) moins chaud, alors nous … (prendre) nos repas dans la salle à manger.
16. Elle … (aimer) acheter une maison avec un jardin, mais malheureusement son mari … (ne pas vouloir).
17. Je te donnerai la permission de sortir quand tu … (apprendre) toutes tes leçons pour demain.
18. Nous ne sommes jamais allés au Canada, pourtant nous … (désirer) y passer quelques semaines.
19. L'an dernier, elle … (envoyer) plusieurs lettres de motivation (Bewerbungsschreiben).
20. Pendant qu'elle … (préparer) son examen final, son ami … (revenir) des U.S.A. et … (déranger) ses projets.
21. Je … (déjà renoncer) à accepter ce nouvel emploi quand je … (comprendre) que ce genre de travail ne me … (convenir) pas.

7 Die Bedingungssätze

(Les propositions circonstancielles de condition)

Überprüfen Sie Ihren Wissensstand (§ 38).

Mettez le verbe entre parenthèses au temps qui convient:

références § 38

1. Je reprendrais du gâteau, si j' … (avoir) encore faim.	Typ II B
2. Si tu … (aimer) la musique classique, je peux te prêter des CD.	Typ I
3. Si vous … (remonter) votre réveil, vous vous seriez levés à temps.	Typ III
4. Elle … (avoir) déjà le bac, si elle n'avait pas redoublé.	Typ II B
5. Si tu achetais moins de friandises, ton argent de poche … (suffire).	Typ II A
6. N'aie pas peur, si tu … (entendre) aboyer le chien. Il n'est pas méchant.	Typ I
7. Vous auriez rencontré Pascale à la discothèque, si elle … (ne pas partir) si tôt.	Typ III
8. Tu te sentiras mieux, si tu … (prendre) ce médicament.	Typ I
9. Si je … (supporter) le café, j'en reprendrais.	Typ II B
10. Il aimerait retourner en Amérique, si sa famille … (pouvoir) l'accompagner.	Typ II B

§ 38 Die Bedingungssätze und das Konditional als Modus

Die Bedingungssätze werden meist durch *si* eingeleitet. Man unterscheidet:

Typ I	**Erfüllbare Bedingung** Si tu veux bien, Si tu as appelé le chat, Si tu appelles le chat, Si tu te presses, présent passé composé →	**tatsächliche oder mögliche Folge** appelle le chat. il viendra. il viendra. tu pourras partir plus tôt. tu auras terminé plus tôt. impératif futur futur antérieur
Typ II A **Typ II B**	**Erfüllbare Bedingung** S'il pleuvait, **Nicht erfüllbare Bedingung** Si j'avais dix-huit ans, imparfait →	**tatsächliche oder mögliche Folge** nous resterions à la maison. **nur gedachte Folge** je passerais mon permis. conditionnel
Typ III	**Nicht erfüllte Bedingung** S'il avait plu, plus-que-parfait →	**nur gedachte Folge** elle serait restée à la maison. conditionnel passé

Beachte:

- Typ I und Typ II beziehen sich auf die Gegenwart bzw. Zukunft, Typ III immer auf die Vergangenheit.
- Die Typen II B und III können gemischt werden, wenn sich (bei nur gedachter Folge) einer der beiden Satzteile auf die Zukunft, der andere auf die Vergangenheit bezieht:

  Si je n'**avais** pas **perdu** mon argent **hier**,
  je **pourrais** m'acheter une moto **(demain/maintenant)**.
- In der **indirekten** Rede bleiben die Typen II und III **unverändert**.
- In den mit *si* (= wenn) eingeleiteten Nebensätzen steht nie das Futur oder Konditional.

Unterscheide: wenn = ***si*** (falls) in Konditionalsätzen
= ***quand*** (immer wenn, sobald) in Temporalsätzen.

1

Complétez par les verbes entre parenthèses:

A

1. Si nous habitions Paris, nous ... parfois à l'Opéra. (aller)
2. Si vous avez de la chance, vous ... le gros lot. (gagner)
3. Si le voleur n'avait pas vu le gendarme trop tard, il ... (se sauver)
4. Si Patricia avait reçu mon invitation, elle ... là aujourd'hui. (être)
5. Si nos amis n'étaient pas tombés en panne d'essence, ils ... à l'heure pour dîner. (être)
6. Si j'avais de l'argent sur moi, je ... des fleurs. (acheter)
7. Si tu pars, ... tes papiers. (ne pas oublier)
8. Si on lui interdisait de fumer, il le ... en cachette. (faire)
9. Si son fils avait une moto, elle ... toujours. (s'inquiéter)
10. Si tu as la grippe, tu ... rester au lit. (devoir)

B

1. J'aimerais bien me reposer, si je ... le temps. (avoir)
2. Elle aurait aidé sa mère, si elle ... ses devoirs. (terminer)
3. Ecris-moi de vacances, si tu y .... (penser)
4. Si vous ... les journaux, vous vous y connaîtriez mieux en politique. (lire)
5. Mon amie serait restée plus longtemps, si ses parents le lui ... (permettre).
6. Ma correspondante resterait encore une semaine, si ses parents ... qu'elle revienne demain. (ne pas téléphoner)
7. Si tu ... faire de la voile, profites-en. (aimer)
8. Si on lui ... un secret, toute la ville le sait le lendemain. (confier)
9. Si je ... italien, mon séjour à Milan aurait été plus agréable. (parler)
10. Vous ne vous lanceriez pas dans une telle aventure, si vous ... plus raisonnable. (être)

2

Complétez par *si* ou *quand*:

1. ... tu auras rangé ta chambre, tu y verras plus clair.
2. ... vous faisiez plus attention, vous ne casseriez pas toujours tout.
3. ... le programme de télévision avait été intéressant, nous ne serions pas allés au cinéma.
4. ... tu avais fait moins de sport, tu n'aurais pas de courbatures.
5. ... vous verrez votre amie, dites-lui bien des choses de ma part.
6. Mets donc un manteau ... tu as froid.
7. ... il fera plus chaud, nous déjeunerons sur la terrasse.
8. ... il venait chez nous, il apportait un cadeau à chacun.
9. ... tu avais de la fièvre, tu n'aurais pas aussi bon appétit.
10. ... vous vous serez lavé les dents, ne mangez plus de bonbons.

3

Traduisez:

1. Wenn Garniers Geld gehabt hätten, wären sie nach England gefahren.
2. Wenn du die Spielregeln nicht kennst, werde ich sie dir erklären.
3. Wenn Isabelle fleißiger gewesen wäre, hätte sie nicht so viele Probleme in der Schule.
4. Wenn François diese Wohnung groß genug fände, würde er sie mieten.
5. Wenn Spanien nicht so weit wäre, könnten wir dort eine Woche verbringen.
6. Zeig mir deine Hausaufgaben, wenn du schon fertig bist.
7. Wenn Colette daran gedacht hätte, hätte sie dich angerufen.
8. Wir werden keine Theaterkarten mehr bekommen, wenn du nicht gleich anrufst.
9. Wenn die Maler keine Mittagspause machen, werden sie bis heute Abend das ganze Zimmer tapeziert haben.
10. Wenn die Kinder vernünftig sind, werden wir sie allein lassen.

8 Die indirekte Rede (Le discours indirect)

Überprüfen Sie Ihren Wissensstand (§ 39 und § 40).

Mettez au discours indirect ou transformez en interrogation indirecte, selon le cas:

	références
1. L'hôtesse de l'air nous informa: «Je vous servirai des boissons dans une demi-heure.»	§ 39.2
2. Michel m'a demandé: «As-tu envie de faire un match de tennis avec moi ou as-tu déjà joué hier?»	§ 39.2
3. Nos amis nous ont raconté: «Nous irons passer une partie de l'hiver en Andalousie.»	§ 39.2
4. Dis-moi: «Qu'est-ce que tu as acheté au marché?	§ 40/39.1
5. Sa correspondante lui a écrit: «Quand j'aurai terminé mon stage de monitrice, je viendrai te rendre visite.»	§ 39.2
6. Le professeur a dit aux élèves: «Avant vous faisiez toujours attention; depuis quelque temps vous êtes distraits.»	§ 39.2
7. On nous avait prévenus: «A Paris, il est très difficile de trouver un parking et on attrape facilement un P.V.»	§ 39.2
8. Ma sœur m'a annoncé: «Dimanche dernier, j'ai décidé de partir en France avec Luc.»	§ 39.2
Elle a ajouté: «Nous prendrons le train après-demain.»	§ 39.2
Elle m'a promis: «Luc te téléphonera quand nous serons arrivés à la gare de l'Est.»	§ 39.2
Elle m'a dit: «Je te souhaite bon courage pour ton travail.»	§ 39.2

Die Zeit der indirekten Rede oder Frage hängt von der Zeit des Hauptsatzes ab.

§ 39 Aussagesätze (les phrases déclaratives)

§ 39.1 Das Verb des Hauptsatzes steht im Präsens, Futur oder Imperativ:
→ die Zeit der direkten Rede bleibt in der indirekten Rede gleich.

§ 39.1	**Hauptsatz:** Präsens, Futur	***que*-Satz** (indirekte Rede)
	Mon père prétend: prétendra: «Pierre a mal travaillé.» «Pierre travaille mal.» «Pierre travaillera mieux l'année prochaine.» (ebenso mit weiteren Zeiten)	Mon père prétend prétendra = que Pierre a mal travaillé. = que Pierre travaille mal. = que Pierre travaillera mieux l'année prochaine.

§ 39.2 Das Verb des Hauptsatzes steht in einer Zeit der Vergangenheit:
die Zeit der direkten Rede wird in der indirekten Rede wie folgt verändert:

§ 39.2	**Hauptsatz** (Zeit der Vergangenheit)	***que*-Satz** (indirekte Rede)
	Mon père prétendait: prétendit: a prétendu: avait prétendu:	Mon père prétendait prétendit a prétendu avait prétendu
	«Pierre **a** mal **travaillé** l'année **dernière**.»	que Pierre **avait** mal **travaillé** l'année **précédente**.
	«Pierre **travaille** mal cette **année**.»	que Pierre **travaillait** mal cette **année-là**.
	«Pierre **travaillera** mieux l'année **prochaine**.»	que Pierre **travaillerait** mieux l'année **suivante**.
	«Pierre **aura perdu** beaucoup de temps à la fin de l'année scolaire.»	que Pierre **aurait perdu** beaucoup de temps à la fin de l'année scolaire.

Zusammenfassendes Zeitschema zu § 39.2

Zeit der direkten Rede		Zeit der indirekten Rede
présent	→	imparfait
imparfait	→	imparfait/plus-que-parfait
passé composé	→	plus-que-parfait
futur	→	conditionnel
futur antérieur	→	conditionnel passé
Unverändert:		
plus-que-parfait	–	plus-que-parfait
conditionnel	–	conditionnel
conditionnel passé	–	conditionnel passé

Beachte:
Steht das Verb des Hauptsatzes in einer Zeit der Vergangenheit (siehe 2.), so verändern sich auch die **Zeitangaben**:

avant-hier	→	deux jours plus tôt
hier	→	la veille
aujourd'hui	→	ce jour-là
prochain	→	suivant
dans (1 heure)	→	(1 heure) plus tard
dernier	→	précédent
la dernière fois	→	la fois d'avant
demain	→	le lendemain
après-demain	→	deux jours plus tard

Wortliste

Um die häufige Wiederholung von *dire* zu vermeiden, folgt hier eine Liste von Verben, mit denen ebenfalls die **indirekte Rede** eingeführt werden kann:

admettre	zugeben	objecter	einwenden
affirmer	behaupten, versichern	se plaindre	(sich be)klagen
		prétendre	behaupten
ajouter	hinzufügen	prévenir	in Kenntnis setzen, warnen
apprendre qc à qn	jdm etw mitteilen		
assurer	versichern	promettre	versprechen
avancer	vorbringen, behaupten	proposer	vorschlagen
		protester	protestieren
avouer	zugeben	rapporter	berichten
chuchoter	flüstern	relater	melden, referieren
certifier	versichern	répéter	wiederholen
confirmer	bestätigen	répliquer	erwidern
crier	rufen, schreien	répondre	antworten
(s'écrier)	(ausrufen)	reprendre	erwidern
grogner	brummen	rétorquer	erwidern
grommeler	murren	riposter	sofort antworten
informer	mitteilen	sous-entendre	zu verstehen geben
jurer	schwören	soutenir	behaupten
laisser entendre	zu verstehen geben	annoncer	am Telefon sagen
se lamenter	jammern		
murmurer	murmeln		

sowie:

croire	glauben	pressentir	ahnen
penser	denken	supposer	vermuten

§ 40 Fragesätze (les phrases interrogatives)

Die Regeln für die indirekte Rede gelten auch für die indirekte Frage. Die indirekte **Gesamtfrage** wird mit *si* (ob) eingeleitet. Vor *il* und *ils* wird *si* zu *s'*.

Die indirekte **Teilfrage** wird mit einem Fragewort eingeleitet.

§ 40	Direkte Frage:	Indirekte Frage:
	Elle m'a demandé: Aimes-tu les animaux?	Elle m'a demandé **si** j'aimais les animaux.
	Elle veut savoir: Arriveront-ils demain?	Elle veut savoir **s'ils** arriveront demain.
	Il demande: **Pourquoi** n'est-elle pas venue?	Il demande **pourquoi** elle n'est pas venue.

Die **indirekte Frage** wird eingeführt durch:

demander	fragen
chercher à savoir	zu erfahren suchen
vouloir savoir	wissen wollen

Beachte:

1. Die indirekte Frage ist eine Aussage:
   → kein *est-ce que*
   → Satzstellung Subjekt – Prädikat

2. Das Fragewort **que** der direkten Frage wird in der indirekten Frage zu **ce que**

Häufige Fehlerquelle bei 1. und 2.:
Werden indirekte Aussagen mit ***et, mais, donc, ou*** verbunden, so **muss** nach jeder dieser Konjunktionen das ***que* wiederholt werden** (bei Gesamtfragen ***si***).

z. B.: L'accusé a avoué **que** la voiture ne lui appartenait pas, **mais qu**'il n'avait pas causé l'accident **et qu**'il n'avait pas de papiers sur lui, **donc qu**'il n'avait pas la carte grise.

Mettez au discours indirect:

1

Mireille affirmait:

1. «J'aurais dû me coucher plus tôt.»
2. «J'ai mal dormi la nuit dernière.»
3. «J'ai froid.»
4. «Je vais prendre un bon bain chaud.»
5. «Je me sentirai mieux après.»
6. «Ainsi, j'aurai mieux commencé la journée.»

2

Dis-moi:

1. «Qu'est-ce que tu en penses?»
2. «As-tu déjà lu ce livre?»
3. «Quand l'auras-tu terminé?»
4. «Pourras-tu me le rendre la semaine prochaine?»

3

Übung 2 mit: Mireille m'a demandé: …

4

Les Dubois nous ont raconté:

1. «Nous sommes allés en Autriche.»
2. «Nous en gardons des souvenirs merveilleux.»
3. «Nous y retournerons l'été prochain.»
4. «Nous vous montrerons nos photos quand nous les auront développées.»
5. «Nous pourrions y aller ensemble l'année prochaine.»

5

Pierre voulait savoir:

1. «Est-ce que la région parisienne est surpeuplée?»
2. «Est-ce que ce sera pire dans dix ans et est-ce qu'on pourra encore construire d'autres immeubles?»
3. «Où avez-vous garé votre voiture pendant votre séjour à Paris?»
4. «Quand les Français auront-ils compris que vivre en province serait plus agréable?»

6

Les voisins des Meunier ont déclaré:»

1. «Vous faites trop de bruit.»
2. «Nous avons été gênés hier.»
3. «Demain vous devrez être plus discrets.»
4. «Quand vous aurez quitté le quartier, nous aurons enfin la paix.»

7

Mettez le dialogue suivant au discours indirect en l'introduisant – au passé composé – par les verbes ci-dessus qui conviennent.

Bertrand a invité des amis à une soirée. Nadine est venue l'aider à faire les derniers préparatifs.

1. B.: Tu es gentille de me donner un coup de main, car il y a encore beaucoup à faire.
2. N.: Je vais garnir les plats de viande, si tu veux.
3. B.: J'en ai déjà préparé deux, mais ça ne suffira pas pour tant de personnes. Il en faut encore un.
4. N.: Où as-tu rangé la viande? Je ne la vois pas dans le frigo.
5. B.: Comme la cave est bien fraîche, j'y ai descendu les rôtis.
6. N.: J'aurais dû apporter des cornichons et du persil pour décorer le plat.
7. B.: Tu trouveras tout ça dans la cuisine.
8. N.: Tu as mis combien de temps à faire toutes ces salades?
9. B.: J'y ai passé au moins trois heures. Je ne l'aurais jamais cru!
10. N.: Quand j'aurai terminé ce plat, je couperai du pain et sortirai les verres du placard.
11. B.: (Oui), j'aimerais bien. Pendant ce temps, je vais mettre les fleurs dans un vase, puis je disposerai les amuse-gueule dans de petits raviers.
12. N.: Prendrons-nous l'apéritif avec les premiers invités qui arriveront ou attendrons-nous un peu?

– On sonne. Dominique et Patricia sont déjà là et ... il y a encore tant de choses à faire!

Commencez ainsi:

Bertrand a dit que Nadine était gentille de lui donner un coup de main, car il y avait encore beaucoup à faire. Nadine a répondu que ...

9 Der Konjunktiv (Le subjonctif)

§ 41 Die Bildung des Konjunktivs

§ 41	ils sortent → que je sorte ils finissent → que je finisse ils tendent → que je tende	Der *subjonctif* wird vom Stamm der 3. Pers. Pl. Präsens abgeleitet. Er hat für alle Konjugationsklassen die gleichen Endungen: *-e, -es, -e, -ions, -iez, -ent*
	ils viennent → que je vienne nous venons → que nous venions ils boivent → que je boive vous buvez → que vous buviez	Die Verben, die im Präsens Indikativ den Stammvokal in den endungsbetonten Formen ändern, wechseln ihn auch in der 1. und 2. Pers. Pl. des *subjonctif*
	être: que je sois que tu sois qu'il soit que nous soyons que vous soyez qu'ils soient **avoir:** que j'aie que tu aies qu'il ait que nous ayons que vous ayez qu'ils aient	Sonderformen *faire* → *que je fasse* *pouvoir* → *que je puisse* *savoir* → *que je sache* *pleuvoir* → *qu'il pleuve* *vouloir* → *que je veuille*, *que nous voulions* *aller* → *que j'aille*, *que nous allions*

§ 42 Der Gebrauch des Konjunktivs

Der *subjonctif* steht nach Verben und Ausdrücken

§ 42.1	Il veut que tu sois à l'heure. Elle interdit qu'on prenne ses affaires.	der **Willensäußerung** (Bitte, Befehl, Verbot, Ablehnung, Einverständnis etc.)
§ 42.2	Je suis triste que tu partes. Elle est fâchée qu'on ne la comprenne pas.	der **Gemütsbewegung** und der persönlichen Stellungnahme (Bedauern, Zufriedenheit, Notwendigkeit)

§ 42.3	Est-il possible que tu entendes mal? Pourquoi doutes-tu qu'il soit sincère?	der **Möglichkeit** oder des **Zweifels**
§ 42.4	Il est temps que tu ailles au lit. Il est dommage que vous n'écoutiez pas cette émission.	nach **unpersönlichen Ausdrücken** wie: *il est naturel/nécessaire/normal/temps/rare/important/utile/dommage/indispensable*
§ 42.5	Je vais faire un tour bien qu'il fasse froid. Elle repartira avant que tu (ne) sois là. J'écris aujourd'hui pour qu'il reçoive ma lettre demain. Tu dois apprendre jusqu'à ce que tu aies tout compris. Nous irons au cinéma, pourvu qu'elle soit prête à temps.	nach **den Konjunktionen** *bien que / quoique / malgré que* – obgleich obwohl *de crainte que / de peur que* – aus Furcht/Angst dass *pour que / afin que* – damit *pourvu que / supposé que* – vorausgesetzt dass *de sorte que* – so dass *sans que* – ohne dass *avant que … (ne)* – bevor *à moins que … ne* – es sei denn dass *jusqu'à ce que* – bis dass *à condition que* – unter der Bedingung dass
§ 42.6	Elle n'a consulté aucun médecin qui puisse la tranquilliser. (= keiner kann sie beruhigen).	**in Relativsätzen nach negativen** oder **einschränkenden Ausdrücken**, die den Inhalt des Relativsatzes als zweifelhaft erscheinen lassen.

Beachte: Drückt der Relativsatz eine Tatsache aus, so steht der Indikativ.

Je ne comprends pas les mots qui sont dans ce texte.

§ 42.7	C'est le seul endroit qui puisse lui plaire pour ses vacances. Voilà le plus beau paysage que j'aie jamais vu.	**in Relativsätzen nach Superlativen** und Ausdrücken wie: *le premier, le seul*, etc., die den Inhalt des Relativsatzes als persönliches Werturteil kennzeichnen

Beachte:
Drückt der Relativsatz eine Tatsache aus, so steht der Indikativ.

Elle porte l'unique robe qu'elle a. (= sinon elle n'a que des pantalons.)

§ 42.8	J'aimerais des coussins qui soient de la même couleur que les rideaux.	**in Relativsätzen**, die eine **Forderung** oder einen **Wunsch** ausdrücken

Unterscheide:

a) Nach den Verben des **Sagens und Denkens** in **verneinter und fragender Form** steht im *que*-Satz der ***subjonctif***, wenn die Unwahrscheinlichkeit betont oder ausgedrückt werden soll:

Ne vous imaginez pas qu'il soit reconnaissant un jour.
Je ne prétends pas que tu aies mauvaise mine, mais tu n'as pas l'air bien.

Jedoch steht der **Indikativ**, wenn die **Sicherheit** oder **Objektivität** der Aussage betont werden soll:

Vous n'ignorez certainement pas que nous travaillons beaucoup.

b) Bei den Verben der **Willensäußerung oder Gemütsbewegung** steht

Solange ne veut pas lire ce livre. Elle est heureuse de venir chez nous.	bei **einem** Subjekt → **Infinitiv**konstruktion
Solange ne veut pas que **tu** lises ce livre. **Elle** est heureuse que **vous** l'invitiez.	bei **verschiedenen** Subjekten im Haupt- und Nebensatz → *que*-Satz mit ***subjonctif***

c) Bei den Konjunktionen ***sans (que), avant (que), pour (que)*** steht

Il a mangé avant de partir. Il est parti sans dire au revoir.	bei **einem** Subjekt → **Infinitiv**konstruktion
Il a mangé avant que **sa femme** soit arrivée. **Il** est parti sans que **je** lui dise au revoir.	bei **verschiedenen** Subjekten im Haupt- und Nebensatz → *que*-Satz mit ***subjonctif***

1

Mettez les verbes entre parenthèses au subjonctif présent:

1. Il est temps que vous …, il est déjà tard. (partir)
2. Mon père ne permet pas que nous … de sa voiture. (se servir)
3. Je me réjouis que tu … mieux. (aller)
4. Il est rare qu'il … en retard. (être)
5. C'est la meilleure amie qu'on … avoir. (pouvoir)
6. Je ne connais pas d'élève qui … aussi lentement. (écrire)
7. Il est naturel que tu … à tes parents. (obéir)
8. J'attends des explications qui me … comprendre. (faire)
9. Je voudrais une maison qui … entourée d'un grand jardin. (être)
10. C'est dommage que tu … le temps de venir me voir. (ne pas avoir)
11. Quand trouverai-je une femme de ménage qui … au travail sans qu'on lui … toujours la même chose? (se mettre) (dire)
12. C'est le plus beau pays où on … passer les vacances. (pouvoir)
13. Cet enfant n'ouvre jamais la bouche de peur que sa mère le … . (punir)
14. N'est-ce pas la plus grosse bêtise que j' … jamais entendue? (avoir)
15. Il est indispensable que vous … un coup de collier avant le bac. (donner)
16. Je regrette infiniment que tu … à notre soirée. (ne pas venir)
17. Les parents ont toujours peur que leurs enfants … des imprudences. (commettre)
18. Elle se plaint parfois que ses amis ne … plus lui parler. (vouloir)
19. Téléphone-lui afin qu'il … la nouvelle. (apprendre)
20. Bien que Michèle … mon amie, je ne sais rien d'elle. (être)
21. Elle est charmée que nous l' … . (inviter)
22. Pourquoi exige-t-il toujours que nous …? (se taire)
23. Il souhaite que nous … encore. (rester)
24. Je doute que vous m' … . (écouter)
25. Il est peu vraisemblable que nous … dire quelque chose à son sujet. (entendre)

2

Mettez les verbes entre parenthèses au subjonctif présent ou au temps de l'indicatif qui convient:

1. Il vaudrait mieux que nous … moins d'alcool. (boire)
2. Il nous a dit que son père … de sucre dans son café. (ne pas mettre)
3. Elle a prétendu qu'il … hier. (téléphoner)
4. Je ne crois pas qu'il … prochainement à votre lettre. (répondre)
5. Il se peut que nous … avant la nuit. (arriver)
6. Nous pensions que vous … . (déjà, déjeuner)
7. Me promets-tu que tu … ton possible pour mieux travailler? (faire)
8. Vous n'avouerez jamais que vous ne … pas assez. (travailler)
9. Ils n'admettent pas que les temps … changé. (avoir)
10. J'ai vu qu'il … se mettre en colère. (aller)
11. Je sais qu'il … toujours sa promesse. (tenir)
12. Dites-leur qu'ils … trop bruyants. (être)
13. Dites à vos élèves qu'ils … moins de bruit. (faire)
14. Une lettre nous annonça que nos parents … le lendemain. (arriver)
15. Il est indispensable que vous … votre enfant chez le médecin. (emmener)
16. Je me souviens que ma tante m' … toujours beaucoup de friandises. (offrir)
17. Quand on l'entend parler, il semble qu'il … encore le résultat. (ne pas connaître)
18. Téléphone-lui pour qu'il … à l'heure pour déjeuner. (être)
19. Dis-lui que nous … hier toute la journée. (attendre)
20. Notre médecin interdit que nous … le lit tant que nous avons de la température. (quitter)
21. Croyez-vous qu'il … la vérité? (dire)
22. J'ai appris que vous … dimanche prochain. (se fiancer)
23. Il n'est pas impossible que vous … à passer cet examen. (réussir)
24. J'avoue que vous … beaucoup de mal, mais cela ne suffit pas. (se donner)
25. C'est la seule chose qui lui … encore plaisir. (faire)

Si vous avez eu des difficultés dans l'emploi des temps de l'indicatif, révisez les chapitres concernés (imparfait, passé composé, futur etc.) et le discours indirect.

10 Das Partizip Präsens, das Verbaladjektiv und das gérondif

(Le participe présent, l'adjectif verbal et le gérondif)

§ 43 Die Bildung des Partizip Präsens

Das participe présent wird durch Anhängen der Endung *-ant* an den Stamm der 1. Pers. Pl. Präsens gebildet und ist **unveränderlich**, z. B.

nous chantons	chantant
nous choisissons	choisissant

Sonderformen:

avoir	ayant
savoir	sachant
être	étant

§ 44 Der Gebrauch des Partizip Präsens

Das *participe présent* bezieht sich auf ein Substantiv oder ein Personalpronomen und gehört fast ausschließlich der **Schriftsprache** an. Es wird gebraucht:

§ 44.1	Comprenant son erreur, il renonça à ce projet.	**zur Angabe des Grundes** (Kausalsatz: da, weil)
§ 44.2	Jeune fille, aimant enfants, cherche place au pair. Ce coureur, prenant de trop grands risques, n'emportera certainement pas la victoire.	**statt eines Relativsatzes,** der sich auf das Subjekt bezieht (besonders häufig im Anzeigenstil)
§ 44.3	Pleurant à chaudes larmes, l'enfant se précipita vers sa mère.	**zur Angabe der Art und Weise** oder der Begleitumstände (deutsch: und)

§ 44.4	Il insistait, pressentant (pourtant) son échec, sans vouloir entendre raison.	**zum Ausdruck eines Gegensatzes** oder **einer Einräumung**, meist mit nachgestelltem *pourtant*. (Konzessivsatz: obwohl, wenn auch)

§ 45 Das Verbaladjektiv (l'adjectif verbal)

Einige Verben bilden ein Adjektiv auf *-ant* (Verbaladjektiv), das die gleiche Form wie das *participe présent* hat. Dieses **Adjektiv** ist **veränderlich** und hat **keine Ergänzung** bei sich.

adjectif verbal: C'est une nouvelle surprenante.
participe présent: C'est une nouvelle surprenant tout le monde (= qui surprend)

Beachte:
Die meisten deutschen Verbaladjektive müssen im Französischen mit einem Relativsatz wiedergegeben werden, weil nur wenige französische Verben ein *adjectif verbal* bilden. (Übrigens stehen die *adjectifs verbaux* mit Eigeneintrag in den gängigen Wörterbüchern.)

Beispiel:

die spielenden Kinder	les enfants qui jouent/jouaient
das brennende Haus	la maison qui brûle/brûlait/en flammes
das sinkende Schiff	le navire qui sombre/sombrait
etc.	

§ 46 Die Bildung des gérondif

Das *gérondif* setzt sich zusammen aus *en* + *participe présent*.
Es ist **unveränderlich**.

nous chantons	en chantant
nous choisissons	en choisissant

§ 47 Der Gebrauch des gérondif

Das *gérondif* wird in der **gesprochenen** und **geschriebenen** Sprache oft benutzt. Es wird insbesondere gebraucht:

§ 47.1	N'ouvre pas la bouche en mangeant. Tout en m'écoutant, elle semblait être ailleurs.	**zur Betonung der Gleichzeitigkeit** (während, beim, und). Es kann durch *tout* verstärkt werden und erhält dabei oft einen konzessiven Sinn (obwohl, obgleich).
§ 47.2	C'est en travaillant que tu réussiras. Les lapins s'approchèrent en sautillant.	**zur Angabe des Mittels** oder der Art und Weise (indem, dadurch dass)
§ 47.3	En écrivant dès aujourd'hui, vous pourriez encore lui offrir vos vœux.	**zur Angabe einer Bedingung** (wenn, falls)

Beachte:

1. Das *gérondif* steht nur, wenn es sinngemäß das gleiche Subjekt wie das Verb des Satzes hat. Es kann Ergänzungen bei sich haben und vor oder nach dem Hauptsatz stehen.

   - **Tu** dois te concentrer en conduisant (= quand **tu** conduis).
   - En conduisant plus lentement, tu n'aurais pas autant d'amendes à payer.

2. Die Objektpronomen und die Pronominaladverbien *(y, en)* stehen beim *gérondif* zwischen der Präposition *en* und der Verbform auf *-ant*.

   - **En les y** autoris**ant**, tu leur ferais plaisir.

3. Beim *gérondif* der reflexiven Verben steht das Reflexivpronomen, das dem Subjekt des konjugierten Verbs entspricht.

   - **Nous** avons dîné en **nous** amusant beaucoup.

4. Das *gérondif* ist zeitlich neutral, d. h. es kann sich auf Verben in allen Zeiten beziehen.

En travaillant beaucoup
- on gagne bien sa vie.
- j'ai réussi à mon examen.
- je gagnerai assez pour m'acheter une voiture.
- je pourrais m'offrir un voyage au Canada.

1

Remplacez la proposition subordonnée/coordonnée par un participe présent:

1. Comme elle n'avait pas envie d'attendre plus longtemps, elle partit subitement.
2. Les lettres qui viennent d'Amérique mettent cinq à six jours.
3. Comme elle aime s'entourer d'amis, elle n'hésite pas à lancer des invitations.
4. Le lait qui était resté sur la table a tourné.
5. Bien qu'elle voie mon impatience, elle continue à me parler de ses problèmes.
6. Elle riait à cœur joie et ne pensait plus à ses problèmes.
7. Bien que tu saches que tu arrives toujours en retard, tu te lèves trop tard.
8. Un jeune Français, qui habite Nice, aimerait venir en Allemagne.
9. Comme je ne veux pas insister sur la question, je préfère parler d'autre chose.
10. Ils déployèrent toutes leurs forces et arrivèrent au sommet.

2

Remplacez la proposition subordonnée/coordonnée par un gérondif:

1. Elle écoute toujours la radio lorsqu'elle fait ses devoirs.
2. Ils nous ont salués et nous ont souri en même temps.
3. Si tu prenais régulièrement ton médicament, tu n'aurais pas toujours mal à la tête.
4. N'oubliez pas de fermer la porte quand vous sortirez.
5. Elle s'est fâchée et a quitté la pièce.
6. Quand je regarde ces prospectus, j'ai envie de partir en vacances.
7. Si tu lui parlais raisonnablement, tu pourrais peut-être la convaincre.
8. Elle a fait fortune dans la chanson.
9. Vous auriez assez d'argent pour acheter ce bateau, si vous faisiez des économies.
10. Les danseurs traversèrent la salle dans un tourbillon.

3

Gérondif ou participe présent?
Remplacez la proposition subordonnée/coordonnée:

1. Si vous prenez l'avion, vous serez à Alger ce soir.
2. Comme l'été est fini, il faut rentrer les meubles de jardin.
3. Bien qu'elle connaisse mes goûts, elle s'obstine à m'offrir n'importe quoi.
4. Il a sauté et s'est tordu la cheville.
5. Comme ce serveur est très sympathique, il a de gros pourboires.
6. Ils nous ont dit au revoir et nous ont embrassés.
7. C'est grâce à son application qu'il pourra faire des progrès.

8. Une jeune femme, qui fait le ménage chez un médecin, s'est présentée pour travailler chez nous.
9. Le chien nous a reconnus et a accouru vers nous.
10. Commençons à manger et écoutons les informations en même temps.

4

Adjectif verbal ou participe présent? Accordez s'il y a lieu:

1. Les robes montant ... sont très à la mode.
2. Les fruits venant ... d'Espagne sont très bon marché.
3. Ces gens sont très regardant ... , je dirais même avares.
4. Dans tous les grands magasins, il y a des escaliers roulant ... .
5. Les gâteaux ne suffisant ... pas pour tant de personnes, je dois vite en acheter d'autres.
6. Aimez-vous les asperges à la sauce piquant ...?
7. Ses discours promettant ... toujours trop de choses ne sont d'aucune crédibilité.
8. Les fans hurlant ... de joie applaudissent leur chanteur préféré.
9. Elle mène une vie trépidant ... .
10. Les enfants trépignant ... d'impatience attendaient le père Noël.

5

Traduisez en employant le participe présent, le gérondif ou l'adjectif verbal où c'est possible:

1. Da er die Gefahr nicht sah, bremste er nicht.
2. Er lief so schnell er konnte (à toute vitesse) auf dem brennend heißen Sand.
3. Wenn du weniger rauchen würdest, könntest du viel Geld sparen.
4. Während er seine Hausaufgaben machte, hörte er Musik.
5. Er bietet mir immer Zigaretten an, obwohl er weiß, dass ich nicht rauche.
6. Die Kinder, die auf der Straße spielen, wohnen in diesem Hochhaus (la tour).
7. Das ist eine Geschichte, die alle belustigt.
8. Man pflegt sein Auto, indem man es regelmäßig putzt.
9. Wenn Herr Leroc das Haus spät verlässt, kann seine Frau nicht ins Schwimmbad gehen.
10. Wenn Herr Leroc das Haus spät verlässt, vermeidet er die Verkehrsstaus (les embouteillages).

11 Das Passiv (La voix passive)

§ 48 Die Bildung der Zeiten im Passiv

1. Das Passiv wird gebildet, indem man dem entsprechenden Tempus von *être* das Partizip Perfekt des betreffenden Verbs folgen lässt.
2. Das Partizip Perfekt richtet sich in Geschlecht und Zahl nach dem Subjekt des Satzes.

§ 48	Présent		Passé composé	
	(ich werde gesehen)		(ich bin gesehen worden)	
	je suis	vu(e)	j'ai été	vu(e)
	tu es	vu(e)	tu as été	vu(e)
	il est	vu	il a été	vu
	elle est	vue	elle a été	vue
	nous sommes	vu(e)s	nous avons été	vu(e)s
	vous êtes	vu(e)(s)	vous avez été	vu(e)(s)
	ils sont	vus	ils ont été	vus
	elles sont	vues	elles ont été	vues

Weitere Zeiten:

Zeitform von **être** + Partizip Perfekt

Imparfait:	**j'étais**	vu(e)	**Plus-que-parfait:**	**j'avais été** vu(e)
Futur simple:	**je serai**	vu(e)	**Futur antérieur:**	**j'aurai été** vu(e)
Cond. présent:	**je serais**	vu(e)	**Cond. passé:**	**j'aurais été** vu(e)
Subj. présent:	**que je sois**	vu(e)	**Subj. passé:**	**que j'aie été** vu(e)

§ 49 Bildung von Passivsätzen/ Umwandlung von Aktiv- in Passivsätze

Nur Verben mit **direktem Objekt (transitive Verben)** können ein Passiv bilden.

Das direkte Objekt des Aktivsatzes wird zum Subjekt des Passivsatzes.

Das Subjekt des Aktivsatzes erscheint im Passivsatz als mit ***par*** angeschlossene Ergänzung *(le complément d'agent)* oder es entfällt, wenn es für den Sprecher unwichtig erscheint.

Der Passivsatz steht in der gleichen Zeit wie der Aktivsatz

§ 49	Aktivsatz	Passivsatz
	La police a sauvé les enfants.	Les enfants ont été sauvés par la police. (mit *complément d'agent*) Ils ont été sauvés à la dernière minute. (ohne *complément d'agent*)

Beachte:
Folgende Verben haben im Gegensatz zum Deutschen ein direktes Objekt und können deshalb ein Passiv bilden:

acclamer **qn**	**jdm.** zujubeln	Le président a été acclamé par les ministres.
aider **qn**	**jdm.** helfen	Les élèves ont été aidés par leur professeur.
écouter **qn**	**jdm.** zuhören	Les accusés seront écoutés.
suivre **qn**	**jdm.** folgen	Elles étaient suivies par des garçons.

Andere Verben haben im Gegensatz zum Deutschen ein indirektes Objekt und bilden deshalb kein Passiv:

mentir **à qn** — **jdn** belügen
demander **à qn** — **jdn** fragen

Anstelle des Passivs verwendet man einen Aktivsatz mit dem neutralen Subjekt *on*. (Siehe § 50)

Er ist belogen worden — **On lui** a menti.
Sie wurden gefragt, ob … — **On leur** a demandé si …

§ 50 Der Gebrauch des Passivs (L'emploi du passif)

Das Passiv gehört hauptsächlich der geschriebenen Sprache an.

§ 50.1 Der Passivsatz ohne Nennung des Urhebers (sans complément d'agent)

§ 50.1	Geschriebene Sprache: Passiv	Gesprochene Sprache: Aktiv
	Le criminel **a été arrêté**. Il **sera jugé** la semaine prochaine. Le sac à main qui **avait été volé** hier soir **a été trouvé dans** une poubelle.	**On/La police a arrêté** le criminel. **On le jugera** la semaine prochaine. Dans une poubelle, **on a trouvé** le sac qu'**un malfaiteur avait volé** hier soir.

Beachte:
Der Passivsatz **ohne** Nennung des Urhebers wird verwendet, wenn der Urheber der Handlung unbekannt oder unwichtig ist. Solche Passivsätze findet man in Zeitungsberichten und Sachtexten.

In der gesprochenen Sprache verwendet man hierfür meist einen Aktivsatz mit dem neutralen Subjekt ***on*** oder mit einem Nomen, das den Urheber bezeichnet *(la police, un malfaiteur)*.

§ 50.2 Der Passivsatz mit Nennung des Urhebers (avec complément d'agent)

Qui a écrit «Les Misérables»? «Les Misérables» ont été écrits **par Victor Hugo**.
Le château de Versailles n'a pas été construit **par Napoléon**, mais **par Louis XIV.**

Der Passivsatz mit Nennung des Urhebers wird verwendet, wenn der Urheber der Handlung Schwerpunkt der Aussage ist. Dies ist der Fall z. B. in Antworten auf Fragen mit ***qui,*** bei Gegenüberstellungen oder Richtigstellungen.

Merke:
Der Urheber der Handlung kann auch in einem **Aktivsatz** durch ***c'est ... qui*** hervorgehoben werden.

C'est Victor Hugo qui a écrit «Les Misérables».
Ce n'est pas Napoléon, mais Louis XIV **qui** a construit le château de Versailles.

§ 50.3 Besonderheiten: Ersatzkonstruktionen für deutsche Passivsätze

a) Im Französischen muss der Passivsatz immer ein Subjekt haben. Dem deutschen Passivsatz ohne Subjekt entspricht im Französischen ein Aktivsatz mit ***on***.

En Autriche, **on parle** allemand.	In Österreich **wird** Deutsch **gesprochen**.
A table, **on ne joue** pas.	Bei Tisch **wird** nicht gespielt.

b) Bei einigen französischen Verben ist neben der **on**-Konstruktion eine Reflexivkonstruktion möglich (wie selten auch im Deutschen: Das Buch **verkauft sich** gut).

Ce livre **se vend** bien.	Dieses Buch **wird** gut **verkauft**/ verkauft sich gut.
Le thé **se boit** très chaud.	Tee **wird** sehr heiß **getrunken**.
Agression s'écrit avec un seul **g**.	***Agression*** **wird** nur mit einem **g geschrieben**.
Cette viande **se mange** froide.	Dieses Fleisch **wird** kalt **gegessen**.
Ce mot **s'emploie** rarement.	Dieses Wort **wird** selten **verwendet**.

1

Mettez les phrases suivantes à la voix passive:

1. On fermera le musée pendant une semaine.
2. Les gendarmes ont arrêté le voleur de la moto.
3. Les tableaux de Picasso nous ont fascinés.
4. Ce mécanicien ne pourra pas réparer la voiture.
5. Un violent orage avait bloqué la circulation.
6. Des traducteurs professionnels utilisent ce genre de dictionnaire.
7. Un coureur américain a battu le record du monde de marathon.
8. Les ingénieurs construiraient un nouveau pont si la municipalité avait assez d'argent.
9. Les douaniers ont découvert les cigarettes bien que le camionneur les ait bien cachées.
10. On aurait trouvé les disparus si le temps n'avait pas été si mauvais.
11. Ce docteur sauvera le malade.
12. Je pensais que notre professeur corrigerait nos copies avant vendredi.
13. Un seul gardien surveillait la salle d'exposition.
14. Les pompiers ont aidé les habitants à sortir de la maison en flammes.
15. Les agents de police suivaient les cambrioleurs de près.

2

Mettez les verbes entre parenthèses au temps du passif demandé par le contexte. Attention à l'accord du participe passé.

Louis Pasteur

Aujourd'hui, tout le monde sait que les maladies contagieuses (causer) … par des êtres infiniment petits, les microbes. Ce fait (prouver) … au XIXe siècle par le chimiste Louis Pasteur. Toute la vie de ce grand savant (consacrer) … à l'étude des microbes et à la lutte contre les maladies qui (causer) … par ceux-ci.
L'existence des microbes (déjà connaître) … avant Pasteur, mais on ne s'imaginait pas qu'il y ait un rapport entre eux et les maladies contagieuses. Vers 1864, Pasteur a réussi à démontrer que les germes des microbes (contenir) … dans les poussières de l'air. Comme il pensait que les microbes étaient dangereux et que certaines maladies pouvaient (causer) … par eux, il a conseillé aux chirurgiens de supprimer les germes avant une opération et leur a indiqué comment le faire. Mais les médecins se sont montrés méfiants ou hostiles.
Le moyen de combattre les microbes qui (découvrir) … par Pasteur, (employer) … de nos jours dans le monde entier: un vaccin, c'est-à-dire le germe d'une maladie qui

(affaiblir) … par un procédé spécial, (inoculer) … à des animaux ou à des hommes qui résistent désormais à la maladie.
Mais c'est par son traitement de la rage que Pasteur (rendre) … célèbre dans le monde entier. Après de nombreuses expériences, il a réussi à vacciner des chiens contre cette terrible maladie. Mais est-ce que ce traitement pouvait (appliquer) … à des personnes? En 1885, un petit Alsacien de neuf ans, Joseph Meister, qui (mordre) … par un chien enragé, (présenter) … à Pasteur avec la prière désespérée de tenter l'impossible pour le sauver. Après de longues hésitations, la décision de Pasteur (prendre) … Pendant dix jours, des inoculations du microbe de plus en plus dangereuses (appliquer) … et au bout de quelques semaines, il était clair que le petit Alsacien (sauver) … Après cet énorme succès, des personnes mordues par des chiens sont venues de partout au laboratoire de Pasteur. Bientôt, le bâtiment ne suffisait plus. C'est alors que l'Institut Pasteur (fonder) … Aujourd'hui, les bienfaits des découvertes du grand savant (répandre) … dans le monde entier dans de nombreux établissements qui (fonder) … sur le modèle de l'Institut Pasteur de Paris.

3

Traduisez:

1. Die Eintrittskarten werden nächste Woche zugeschickt.
2. Die Bibliothek war wegen Umbauarbeiten (pour travaux) einen Monat lang geschlossen.
3. Die Klassensäle werden immer während der Ferien renoviert.
4. Diese CD wird sehr gut verkauft.
5. Unsere Fußballmannschaft wäre nicht geschlagen worden, wenn der Torwart (le gardien de but) nicht verletzt worden wäre.
6. Dieses Restaurant wird hauptsächlich von Jugendlichen besucht (fréquenter).
7. Ich habe gelesen, dass das neue Rathaus vom Bürgermeister eingeweiht (inaugurer) würde.
8. In Marokko (au Maroc) wird Französisch gesprochen.
9. Der Bahnhof unserer Stadt wurde während des Krieges zerstört.
10. Der Einbrecher würde entdeckt werden, wenn er das Licht anmachen (allumer) würde.
11. Das Auto wird zu einem guten Preis verkauft werden, vorausgesetzt der Motor wird ersetzt.
12. Während des Unterrichts wird nicht gegessen.

12 Konjunktionen und Präpositionen

(Les conjonctions et les prépositions)

§ 51 Konjunktionen mit subjonctif/indicatif und entsprechende Präpositionen

Konjunktion mit Konjunktiv	Konjunktion mit Indikativ	Präposition
afin que (damit)		
	alors que (während)	
	après que (nachdem)	après (nach)
en attendant que (bis: zeitlich)		
	aussitôt que (sobald als)	
avant que (bevor)		avant (vor: zeitlich)
bien que (obgleich)		
	au cas où (falls)	
	comme (da, weil)	
à condition que (unter der Bedingung dass)		
de crainte que (aus Furcht dass)		
	depuis que (seitdem)	depuis (seit)
	dès que (sobald)	dès (schon)
de façon que (so dass) (im **Zweck**satz)	de façon que (so dass) (im **Folge**satz)	
jusqu'à ce que (bis)	jusqu'au moment où (bis zum Augenblick wo)	jusqu'à (bis)
	lorsque (+ p. c. ou p. s.) (als)	lors de (anlässlich)
	lorsque (+ imp. ou plus-que-parf.) (immer wenn)	
malgré que (obschon)		malgré (trotz)
de manière que (so dass) (im **Zweck**satz)	de manière que (so dass) (im **Folge**satz)	

Konjunktion mit Konjunktiv	Konjunktion mit Indikativ	Präposition
à moins que … ne (es sei denn dass)		
	parce que (weil)	
	à peine … que (+ passé antérieur mit Inversion) (kaum … als)	
	pendant que (während)	pendant (während)
de peur que (aus Angst dass)		
pour que (damit)		pour (für)
pourvu que (vorausgesetzt dass)		
	puisque (da, weil)	
	quand (wenn, als)	
quoique (obgleich)		
sans que (ohne dass)		sans (ohne)
	selon que … ou (je nachdem ob … oder)	selon (je nach, gemäß)
	si (wenn) (siehe Conditionnel)	
de sorte que (so dass) (im **Zweck**satz)	de sorte que (so dass) (im **Folge**satz)	
supposé que		
à supposer que (vorausgesetzt dass)		
	tandis que (während)	
	tant que (solange als)	

Erläuterungen zur Tabelle:

1. z. B. *depuis/depuis que*

Elle est là **depuis une semaine**. (préposition)
Il fait beau temps **depuis qu'elle est là**. (conjonction)

2. z. B. *de sorte que + subjonctif/indicatif*

Elle a toujours travaillé de sorte qu'elle **a réussi**. (**tatsächliche** Folge: Indikativ)
Travaille de sorte que tu **réussisses**. (**Zweck** oder **beabsichtigte** Folge: Konjunktiv)

1

Complétez par la préposition ou la conjonction entre parenthèses:

1. Il est resté à la plage ... le coucher du soleil. (bis)
2. Le criminel a fui ... la police soit sur les lieux. (bevor)
3. ... l'orage, le soleil se remit à briller. (nach)
4. ... quelque chose ne lui plaît pas, elle fait la tête. (sobald)
5. Il ne faut pas boire ... soif. (ohne)
6. ... nos invités arriveront à l'heure ou non, nous commencerons à dîner à vingt heures. (je nachdem ob)
7. J'ai une faim de loup, je n'ai rien mangé ... ce matin. (seit)
8. Habillez-vous plus ou moins chaudement ... la température. (je nach)
9. Notre voiture ne sera pas prête ... lundi. (vor)
10. ... elle eut terminé sa valise, elle paya les frais d'hôtel et partit. (nachdem)
11. Les voleurs sont entrés dans la maison ... le propriétaire s'en aperçoive. (ohne dass)
12. ... nous étions au Portugal, nous n'avons eu que du beau temps. (als)
13. ... tu gardes ta petite sœur, je vais aller faire des courses. (während)
14. Je m'occuperai de votre chien ... vous soyez de retour. (bis)
15. Nous allons sortir ... la pluie. (trotz)
16. Il y a des élèves qui mangent ... les cours. (während)
17. Nos amis se donnent beaucoup de mal ... leur fête soit réussie. (damit)
18. En été, il fait jour ... quatre heures du matin. (schon)
19. ... ce médecin ait beaucoup de travail, il est toujours très gentil. (obschon)
20. ... nous faisons du sport, nous nous sentons beaucoup mieux. (seitdem)
21. Nous serons absents ... la fin des vacances. (bis)
22. ... ses examens, elle fera une demande de bourse pour l'étranger. (nach)
23. ... de notre séjour en Andalousie, nous avons visité Grenade. (anlässlich, bei)
24. Ils font beaucoup de sacrifices ... leurs enfants. (für)

2

Mettez les verbes entre parenthèses au temps et au mode convenables:

1. Après qu'elle ... la nouvelle, elle a quitté la France. (apprendre)
2. Ils veulent partir quelques jours à la montagne avant que la neige ... . (fondre)
3. La cour du lycée est très bruyante jusqu'à ce que la cloche ... (retentir)
4. En attendant que tu ... prête, je vais lire cet article. (être)
5. Danièle était bonne élève jusqu'au moment où elle ... la connaissance de ce garçon. (faire)
6. Depuis qu'elle ... avec lui, elle ne travaille plus du tout. (sortir)

7. Tant qu'ils se ... régulièrement, rien ne changera. (voir)
8. Quoiqu'elle ... son erreur, elle refuse les conseils qu'on lui donne. (comprendre)
9. Bien que ses parents la ... souvent, elle ne change pas d'avis. (punir)
10. Depuis que je ... ta décision, je sais à quoi m'en tenir. (connaître)
11. J'ai écouté les informations pendant que je ... mon petit déjeuner. (prendre)
12. Quand tu ... essuyé la vaisselle, tu n'oublieras pas de la ranger. (avoir)
13. Si tu ... moins à tes problèmes, tu profiterais mieux de la vie. (penser)
14. Ils ont séjourné ensemble à Londres sans que le hasard ... voulu qu'ils se rencontrent. (avoir)
15. Nous dînerons sur la terrasse à condition qu'il ... encore assez chaud. (faire)
16. Je te donnerai un coup de main à moins que ta femme de ménage ne ... t'aider. (venir)
17. Dès que tu ... rétabli, nous ferons des projets de vacances. (être)
18. De crainte que le climat ne lui ... pas, elle n'ose pas partir en Afrique. (convenir)
19. Supposé que le temps ne vous ... pas, je vous accorderai encore quelques minutes. (suffir)
20. C'est un enfant très agréable, pourvu qu'on lui ... de jouer dehors. (permettre)
21. Comme vous me ... de bons conseils, j'ai confiance en vous. (donner)
22. Au cas où tu ... en retard au lycée, excuse-toi auprès de ton professeur. (arriver)
23. Partez avant qu'il ... nuit. (faire)
24. Parle distinctement de sorte qu'on te ... . (comprendre)

3

Reliez les deux propositions par la conjonction entre parenthèses; dans certains cas n'oubliez pas de changer le temps et le mode:

1. Il va travailler. Il est malade. (obwohl)
2. Elle jouait du piano. Son frère faisait une traduction. (während)
3. Nous nous sommes ennuyés à cette soirée. Nous ne connaissions personne. (weil)
4. Vous êtes restés trop longtemps au soleil. Vous vous êtes brûlé la peau. (da)
5. Michel a fait des progrès. Ses parents sont contents. (so dass)
6. Michel fait des efforts. Ses parents seront contents. (damit)
7. J'aimerais vivre dans ce pays. Le gouvernement devrait changer. (unter der Bedingung dass)
8. Nous ferons du camping. Il devra faire beau. (vorausgesetzt dass)
9. Elle est sortie. Je ne l'ai pas entendue. (ohne dass)
10. Tu devras patienter. Je reviendrai. (bis)
11. Demande pardon à ton père. Il va t'interdire de sortir. (bevor)
12. Elle est gentille avec tout le monde. Elle est toujours très sollicitée. (so dass)

§ 52 Andere häufige Präpositionen (und Gallizismen)

Da die Verwendung der einzelnen Präpositionen weit gehend vom Sprachgebrauch festgelegt und somit nicht in Regeln fassbar ist, werden im Folgenden nur Fälle aufgeführt, die dem Französischlernenden – von deutschen Präpositionen ausgehend – im Allgemeinen Schwierigkeiten bereiten.

§ 52.1	**an**	
	à la mer à la gare à la fenêtre à l'université au coin etc.	**örtlich:** *à*
	le cinq mars ce matin-là	**zeitlich:** meist unübersetzt
	à la Chandeleur (Lichtmess) à la Pentecôte (Pfingsten) à la Fête-Dieu (Fronleichnam) à Pâques à Noël à la Saint-Jean/-Pierre etc.	Bei **kirchlichen Feiertagen** steht jedoch: *à*.

§ 52.2	**bei**	
	chez (Pierre, le boulanger)	bei = im Haus/Laden von jdm.
	auprès de (mon ami malade)	nur verwendet, wenn es sich direkt auf eine Person bezieht
	près de (Marseille)	örtlich verwendet
	Locutions: Quand seras-tu chez toi? J'ai mes papiers sur moi. lors de mon arrivée de jour/de nuit dans un accident malgré toute précaution par beau/mauvais temps	 Wann bist du zu Hause? Ich habe meine Papiere bei mir. bei meiner Ankunft bei Tag/bei Nacht bei einem Unfall bei aller Vorsicht bei gutem/schlechtem Wetter

§ 52.3	**bis**	
	jusqu'à (préposition)	zeitl.: (durchgehend) bis örtl.: bis (hin zu einem Endpunkt)
	jusqu'à ce que (conj.) + subj.	zeitl.: bis
	Locutions: (Au revoir!) A demain! A l'année prochaine! Réparez-moi la moto pour lundi. de … à **Il y a** un mois j'étais **encore** en Amérique. **à** (quelques fautes) **près** à l'exception de mon père	 (Auf Wiedersehen!) Bis morgen! Bis zum nächsten Jahr! … bis Montag. (bis = Endpunkt in der Zukunft: *pour*) von … bis Ich war **bis vor** einem Monat in Amerika. **bis auf** (einige Fehler) bis auf meinen Vater (= **außer** ihm)

§ 52.4	**in (örtlich)**	
	Vous dînez **au** restaurant? (kein bestimmtes)	***à:*** *à* + NG (Nominalgruppe) bezeichnet eine Lage oder Zielrichtung **allgemein**
	Je dîne **dans un** petit restaurant au coin de la rue. (ein bestimmtes, konkretes Restaurant)	***dans:*** *dans* + NG bezeichnet eine Lage oder Zielrichtung **konkret**; dies ist der Fall, wenn dem Nomen ein unbestimmter Artikel, ein Possessiv- oder ein Demonstrativbegleiter vorangeht.
	in (zeitlich)	
	en juillet en 1990 **en** trois jours **dans** trois jours (Je ferai ce travail dans trois jours.)	im (+ Monat) (im Jahre) 1990 **innerhalb** von drei Tagen: **Dauer** in = **nach** drei Tagen: **Punkt**, an dem die Handlung beginnt. (Ich fange in drei Tagen mit dieser Arbeit an.)
	d'ici (en quinze) + futur antérieur	**heute in** (14 Tagen): bezeichnet **Endpunkt** einer Handlung
	aujourd'hui (en quinze) + futur simple	**heute in** (14 Tagen): bezeichnet **Anfang** einer Handlung
	in + Himmelsrichtung	
	L'Italie se trouve **au sud** de la Suisse.	*à* + Himmelsrichtung: süd**lich** etc. von (= außerhalb)
	Brighton se trouve **dans le sud** de l'Angleterre.	*dans* + Himmelsrichtung: **im** Süden etc. von (= innerhalb)

	in + Länder-/Insel-/Kontinentname	
	J'ai un frère **au Danemark**. Il vit **aux États-Unis**. Il séjourne **à Madagascar**.	***à*** + mask. Ländernamen, die mit Konsonant beginnen + Ländernamen im Plural + Inselnamen ohne Artikel
	Elle vit **en Espagne**. Il voyage **en Israël**. Elle est **en Corse**.	***en*** + feminine Ländernamen + mask. Ländernamen, die mit Vokal beginnen + feminine Inselnamen

§ 52.5	**vor**	
	La voiture est **devant** le garage. Notre maison est la dernière **avant** l'église.	**örtlich:** *devant* (im Sinn von gegenüber) *avant* (in einer Reihenfolge)
	Il arrivera **avant** deux heures. L'an dernier, j'étais à Londres, **avant** à Paris. Il est revenu **il y a/voilà** une heure.	**zeitlich:** *avant* (vor, zuvor, vorher) von **beliebigem** Zeitpunkt aus gerechnet. *il y a*/(fam.:) *voilà* von **jetzt, heute** aus gerechnet
	Locutions: la veille (de) récemment	 am Tag vorher, am Vortag, am Vorabend vor kurzem

§ 52.6	**Wichtige Gallizismen**, die oft falsch gemacht werden:
aller/être **de l'autre côté** de la rue	auf die andere (Straßen-)Seite gehen/ auf der anderen (Straßen-)Seite sein
à l'aide de + **Sache** **avec** l'aide de + **Person**	mit Hilfe von
à ce moment-là	in **diesem** Augenblick (Zeitpunkt)
en ce moment	im Augenblick = zur Zeit (Zeitdauer)
écrire **au** crayon **au** stylo etc.	mit Bleistift/Füller etc. schreiben
chercher qn **des** yeux	jdn. mit den Augen suchen
montrer qn **du** doigt	auf jdn. mit dem Finger zeigen
***boire dans** un verre	aus einem Glas trinken
***manger dans** une assiette	aus einem Teller essen
***copier qc. dans** un livre	aus einem Buch abschreiben
***copier qc. sur** un copain	etwas von einem Freund abschreiben
***découper** une photo **dans** une revue	ein Bild aus einer Zeitschrift ausschneiden
***prendre** un livre **sur** une étagère	ein Buch aus einem Regal nehmen
la fenêtre **donne dans** la rue **sur** la cour **sur** le jardin	das Fenster geht auf die Straße auf den Hof auf den Garten
dans la rue	auf der (Stadt/Dorf-)Straße
sur la route	auf der (Land-)Straße
dans l'escalier	auf der Treppe (= im Treppenhaus)
dans un accident	bei einem Unfall
avoir qc **sur** soi	etwas bei sich haben/tragen
d'après Sartre	nach/gemäß Sartre
pour cette raison	aus diesem Grund
à la campagne	auf dem Land
dans les champs	auf dem Feld, auf den Feldern
(sur-le-champ)	(sofort)
en ville	in der Stadt

* Bei diesen Verben des Entnehmens steht die Präposition, die die **Lage vor der Entnahme** angibt (*dans*, *sur* etc.).

1

„an, in“: Mettez la préposition qui convient (où c’est nécessaire):

1. Nous avons passé nos vacances … bord de la mer.
2. Je n’aime pas aller … ce café, il y a trop de fumée.
3. … la Toussaint, beaucoup de gens vont … cimetière.
4. Quand auras-tu terminé ton exposé? … trois semaines.
5. Est-ce que Limoges se trouve … nord ou … sud de Paris?
6. Mon frère est ingénieur … Portugal.
7. Son père enseigne la physique … l’université.
8. Quand vous faites des voyages, vous couchez … l’hôtel? – Oui, mais toujours … des hôtels bon marché.
9. Le Roussillon est une région viticole (Weinanbaugebiet) … sud de la France.
10. Quand est-ce qu’elle est née? – Je crois … le 30 novembre.
11. … Pays-Bas, on cultive beaucoup de fleurs.
12. Quand reviendra-t-il de son voyage? … lundi prochain.
13. J’aime bien ce bistrot … coin de la rue.
14. … la Pentecôte, nous rendons toujours visite à mon oncle de Bordeaux.
15. Il travaille incroyablement vite, il a fait tous ses devoirs … vingt minutes.
16. Tu vas souvent … l’église? – Oui, mais pas en hiver … notre église il fait trop froid, et je suis très fragile.
17. Je n’aimerais pas passer l’hiver … Islande.
18. Le Texas est situé … sud des Etats-Unis, le Canada … nord de ce pays.
19. Un de mes collègues a passé cinq ans … Brésil.
20. … ce soir-là, l’air était encore bien chaud.
21. Quand auras-tu à nouveau ta voiture? – Demain … quinze.
22. … quelle année as-tu passé ton permis de conduire? … 1984.
23. … ce restaurant, chaque client a un quart de vin rouge gratuit.
24. … France, c’est une vieille tradition de faire des crêpes … la Chandeleur.
25. As-tu jamais passé des vacances … Baléares? Non, mais … Canaries.
26. Notre voiture sera réparée … (heute in) une semaine.
27. Quand commenceras-tu à tapisser le salon? … quatre jours.
28. Combien de temps as-tu mis à traduire ces phrases? – Je les ai traduites … deux heures.
29. La plupart des estivants repartent … septembre.
30. Ils viendront nous voir … (heute in acht Tagen).

2

„bei, bis, vor": Mettez la préposition qui convient:

bei

1. Il a eu un P. V. (procès-verbal) parce qu'il n'avait pas son permis de conduire … lui.
2. … mauvais temps, nous jouons toujours aux échecs.
3. Melun est … Paris.
4. Il a perdu une jambe … un accident.
5. … nuit, je vois très mal.
6. J'achète toute ma viande … le boucher.
7. … mon départ, j'ai remis les clés de la maison à ma voisine.
8. Je me suis excusé … lui.
9. … toute précaution, il a glissé sur le verglas et s'est cassé le bras.

bis

10. Comme nous avions le temps, nous sommes allés … à la plage.
11. Au revoir; … demain/ … l'année prochaine.
12. Je vous ferai la traduction … vendredi.
13. Il travaille toujours … il tombe de fatigue.
14. Je serai à la maison … trois heures.
15. Ils étaient tous présents (bis auf) … mon père.
16. (Bis auf einige Einzelheiten) …, je suis d'accord avec vous.
17. (Bis vor einer Woche) …, j'étais à Bordeaux.
18. (von … bis) Il travaille … huit heures du matin … quatre heures de l'après-midi.

vor

19. Il a acheté cette voiture … deux ans.
20. Crois-tu qu'il arrive … cinq heures?
21. Notre maison est la dernière … l'église.
22. … une semaine, il était à Paris; …, il avait passé un mois en Angleterre.
23. La voiture était stationnée … la poste.
24. Je l'ai vu … (vor kurzem).
25. Il a eu un accident terrible … (am Tag vor) son mariage.

3

Emploi de gallicismes. Mettez la préposition qui convient:

1. Où as-tu pris cette assiette? – … le placard de la cuisine.
2. Elle a été gravement blessée … un accident de voiture.
3. Il a trouvé la solution … l'aide d'un ordinateur.
4. Claude a eu une mauvaise note parce qu'elle avait copié … son camarade.
5. … les prévisions météorologiques, il doit faire chaud demain.
6. Je l'ai rencontré … l'escalier de notre immeuble.
7. Il était assis … les marches de l'escalier.
8. Il est très impoli de montrer les gens … doigt.
9. Sylvie a fait ce dessin … l'aide de son père.
10. Elle n'aime pas se promener seule … les rues quand il fait nuit.
11. Les Dupuis n'aimeraient pas vivre … ville.
12. As-tu ta carte d'identité … toi?
13. Ce ne sont pas tes idées à toi. … quel livre as-tu copié ce passage?
14. Où a-t-elle pris ce cahier? … la table.
15. J'aimerais une chambre dont les fenêtres donnent … la cour.
16. … la route de Clermont-Ferrand à St. Etienne, il y a souvent du verglas (Glatteis).
17. Il est très malade. C'est la raison … laquelle il ne peut pas assister à cette conférence.
18. Il a découpé cet article … Le Figaro Littéraire.
19. Beaucoup de gens préfèrent boire le thé … un verre au lieu de le boire … une tasse.
20. Les paysans travaillent … les champs du matin au soir.
21. Il vaudrait mieux marcher … l'autre côté de la rue, le trottoir y est plus large.
22. Tu es toujours vendeuse dans ce grand magasin? – Non, … moment, je suis en congés.
23. Vivre … la campagne offre beaucoup d'avantages.
24. Les soldats mangeaient leur soupe … une gamelle (Kochgeschirr).
25. La porte de sa chambre donne directement … la rue.
26. Etudiant, il vivait très modestement. Il faut dire qu' … ce moment-là, il n'avait pas beaucoup d'argent.

13 Verben mit Infinitiv (Verbes suivis d'un infinitif)

§ 53 Verben mit reinem Infinitiv

§ 53.1	modale Hilfsverben	
	avoir beau faire qc.	etwas vergebens tun
	daigner f. qc.	etwas zu tun geruhen
	devoir f. qc.	etwas tun müssen/sollen
	faire f. qc.	etwas tun lassen (veranlassen)
	faillir f. qc.	beinahe etwas tun
	j'ai failli tomber	ich wäre beinahe gefallen
	il faut f. qc.	man muss etwas tun
	il fait bon f. qc. (vivre ici)	es lässt sich hier gut leben
	laisser f. qc.	etwas tun lassen (erlauben)
	oser f. qc.	etwas zu tun wagen
	paraître f. qc.	etwas zu tun scheinen
	pouvoir f. qc.	etwas tun können
	savoir f. qc.	etwas zu tun verstehen/wissen
	sembler f. qc.	etwas zu tun scheinen
	il vaut mieux f. qc.	es ist besser, etwas zu tun
	vouloir f. qc.	etwas tun wollen

§ 53.2	Verben der sinnlichen Wahrnehmung	
	écouter qn. f. qc.	zuhören, wie jemand etwas tut
	entendre qn. f. qc	hören, wie jemand etwas tut
	regarder qn. f. qc.	zuschauen, wie jemand etwas tut
	sentir f. qc.	fühlen, wie etwas geschieht
	voir f. qc.	sehen, wie etwas geschieht

§ 53.3	Verben der Bewegung	
	accourir f. qc.	herbeieilen, um etwas zu tun
	aller f. qc.	gleich etwas tun werden gehen, um etwas zu tun
	courir f. qc.	hinlaufen, um etwas zu tun
	descendre f. qc.	hinuntergehen, um etwas zu tun
	envoyer qn. f. qc.	jemanden schicken, etwas zu tun
	monter f. qc.	hinaufgehen, um etwas zu tun
	rentrer f. qc.	nach Hause gehen, um etwas zu tun
	retourner f. qc.	zurückkehren, um etwas zu tun
	sortir f. qc.	ausgehen, um etwas zu tun
	venir f. qc.	kommen, um etwas zu tun

§ 53.4	Verben des Sagens und Denkens	
	affirmer avoir fait qc.	versichern, etwas getan zu haben
	assurer f. qc.	versichern, etwas zu tun
	avouer avoir fait qc.	gestehen/zugeben, etwas getan zu haben
	compter f. qc.	vorhaben, etwas zu tun, etwas zu tun gedenken
	croire f. qc.	etwas zu tun glauben
	déclarer avoir fait qc.	erklären, etwas getan zu haben
	dire avoir fait qc.	sagen, dass man etwas getan habe
	espérer f. qc.	etwas zu tun hoffen
	s'imaginer f. qc.	sich einbilden, etwas zu tun
	jurer avoir fait qc.	schwören, etwas getan zu haben
	nier avoir fait qc.	leugnen, etwas getan zu haben
	penser f. qc.	etwas zu tun meinen
	prétendre f. qc.	etwas zu tun behaupten
	se rappeler avoir fait qc.	sich daran erinnern, etwas getan zu haben
	soutenir avoir fait qc.	behaupten, versichern, etwas getan zu haben

§ 53.5	Verben des Wünschens	
	aimer f. qc.	etwas gern tun
	aimer mieux f. qc. (que de faire qc.)	etwas lieber tun (als etwas anderes)
	désirer f. qc.	etwas zu tun wünschen
	détester f. qc.	etwas ungern tun
	préférer f. qc. (plutôt que de f. qc.)	etwas lieber tun (als etwas anderes) etwas zu tun vorziehen
	souhaiter f. qc.	etwas zu tun wünschen

§ 54 Verben mit dem Infinitiv mit à

§ 54.1 Der Infinitiv steht in der Funktion eines indirekten Objekts nach transitiven Verben, die auch ein **Nomen** mit *à* anschließen:

Beispiel: Je pense à **l'école**. (Nomen)
à venir. (Infinitiv)

§ 54.1	aspirer à f. qc.	danach streben, etwas zu tun
	concourir à f. qc.	dazu beitragen, etwas zu tun
	consentir à f. qc.	darin einwilligen, etwas zu tun
	contribuer à f. qc.	dazu beitragen, etwas zu tun
	parvenir à f. qc.	etwas fertigbringen
	penser à f. qc.	daran denken, etwas zu tun
	renoncer à f. qc.	darauf verzichten, etwas zu tun
	servir à f. qc.	dazu dienen, etwas zu tun
	songer à f. qc.	beabsichtigen, etwas zu tun
	tenir à f. qc.	Wert darauf legen, etwas zu tun
	ebenso:	
	gagner sa vie à f. qc.	seinen Lebensunterhalt damit verdienen, etwas zu tun
	hésiter à f. qc.	zögern etwas zu tun
	passer/perdre son temps à f. qc.	seine Zeit damit verbringen/verlieren etwas zu tun
	tarder à f. qc.	damit zögern, etwas zu tun

§ 54.2 Der Infinitiv mit *à* steht in der Funktion eines direkten Objekts nach folgenden transitiven Verben

Beispiel: J'apprends **le français** (direktes Objekt)
à lire (Infinitiv)

§ 54.2	(dés)apprendre à f. qc.	etwas zu tun (ver)lernen
	avoir à f. qc.	etwas zu tun haben
	chercher à f. qc.	etwas zu tun suchen
	commencer à f. qc.	etwas zu tun beginnen
	continuer à f. qc.	fortfahren, etwas zu tun
	demander à f. qc.	etwas zu tun verlangen
	réussir à f. qc.	es fertigbringen, etwas zu tun

§ 54.3 Der Infinitiv mit *à* steht in der Funktion eines indirekten Objekts bei folgenden Verben, die ein direktes Personenobjekt bei sich haben **müssen**:

Beispiel: J'oblige **mon frère** à **ce travail**. (indirektes Objekt)
à travailler. (Infinitiv)

§ 54.3	aider qn. à f. qc.	jemandem helfen, etwas zu tun
	condamner qn. à f. qc.	jemanden dazu verurteilen, etwas zu tun
	contraindre qn. à f. qc.	jemanden zwingen, etwas zu tun
	décider qn. à f. qc.	jemanden dazu bringen, etwas zu tun
	destiner qn. à f. qc.	jemanden dazu bestimmen, etwas zu tun
	déterminer qn. à f. qc.	jemanden zu dem Entschluss bringen, etwas zu tun
	engager qn. à f. qc.	jemanden auffordern, etwas zu tun
	exhorter qn. à f. qc.	jemanden dazu ermahnen, etwas zu tun
	forcer qn. à f. qc.	jemanden zwingen, etwas zu tun
	inviter qn. à f. qc.	jemanden einladen/auffordern, etwas zu tun
	obliger qn. à f. qc.	jemanden zwingen, etwas zu tun
	réduire qn. à f. qc.	jemanden zwingen, etwas zu tun

§ 54.4 Der Infinitiv mit *à* steht in der Funktion eines indirekten Objekts bei zahlreichen reflexiven Verben, die auch ein **Nomen** mit *à* anschließen.

Beispiel: Il se décide à **l'achat** de cette radio. (Nomen)
à acheter cette radio. (Infinitiv)

§ 54.4	s'accoutumer à f. qc.	sich daran gewöhnen etwas zu tun
	s'amuser à f. qc.	sich die Zeit damit vertreiben, etwas zu tun
	s'appliquer à f. qc.	sich bemühen, etwas zu tun
	s'apprêter à f. qc.	sich bereit machen, etwas zu tun
	s'attendre à f. qc.	darauf gefasst sein, etwas zu tun
	se borner à f. qc.	sich darauf beschränken, etwas zu tun
	se décider à f. qc.	sich entschließen, etwas zu tun
	s'exercer à f. qc.	sich darin üben, etwas zu tun
	se forcer à f. qc.	sich zwingen, etwas zu tun
	s'habituer à f. qc.	sich daran gewöhnen, etwas zu tun
	se mettre à f. qc.	anfangen etwas zu tun, sich daran machen
	s'occuper à f. qc.	sich damit beschäftigen, etwas zu tun
	se plaire à f. qc.	sich darin gefallen, etwas zu tun
	se préparer à f. qc.	sich darauf vorbereiten, etwas zu tun
	se refuser à f. qc.	sich sträuben, etwas zu tun, sich einer Tätigkeit entziehen
	se résigner à f. qc.	sich damit abfinden, etwas zu tun
	se résoudre à f. qc.	sich dazu entschließen, etwas zu tun

§ 55 Verben mit dem Infinitiv mit «de»

Der Infinitiv mit *de* steht bei den **meisten** französischen Verben. Da die Listen der Verben mit reinem Infinitiv (§ 53) und dem Infinitiv mit *à* (§ 54) recht komplett sind, kann man davon ausgehen, dass die **dort nicht aufgeführten** Verben den **Infinitiv mit *de*** anschließen. Dennoch folgt zum besseren Lernen/Wiederholen hier eine Auflistung und Klassifizierung der Verben mit *de*.

Der Infinitiv mit *de* steht

§ 55.1 in der Funktion eines direkten Objekts nach den meisten transitiven Verben.

Beispiel: Il craint **le froid.** (direktes Objekt)
d'attraper froid. (Infinitiv)

§ 55.1	arrêter	de f. qc.	aufhören
	attendre		warten, bis
	cesser		aufhören
	choisir		wählen
	craindre		(be)fürchten
	décider		beschließen
	essayer		versuchen
	éviter		vermeiden
	exiger		verlangen
	finir		aufhören
	jurer		schwören
	mériter		verdienen
	refuser		ablehnen
	regretter		bedauern
	résoudre		beschließen
	risquer		Gefahr laufen
	tâcher		sich bemühen
	tenter		versuchen

§ 55.2 nach Verben, die auch ein (Pro-)**Nomen mit *de*** anschließen:

Beispiel: Il parle **de ses vacances.** (Nomen)
d'aller en vacances. (Infinitiv)

§ 55.2	avoir besoin	**de** f. qc.	brauchen
	avoir honte		sich schämen
	avoir peur		Angst haben
	désespérer		daran verzweifeln
	parler		sprechen über
	rêver		träumen
	Dazu zählen auch folgende Verben des subjektiven Empfindens:		
	s'étonner	**de** f. qc.	sich wundern
	s'indigner		entrüstet sein
	s'inquiéter		beunruhigt sein
	se plaindre		sich beklagen
	se réjouir		sich freuen
	se repentir		bereuen
	sowie:		
	se charger	**de** f. qc	es übernehmen
	s'excuser		um Entschuldigung bitten
	se garder		sich hüten
	s'occuper		dafür Sorge tragen
	se souvenir d'avoir fait qc.		sich erinnern
	s'arrêter	**de** f. qc	aufhören
	se dépêcher		sich beeilen
	s'efforcer		sich bemühen
	il s'agit		es handelt sich darum

§ 55.3 bei Verben mit direktem Personenobjekt in der Funktion eines indirekten Objekts:

§ 55.3	accuser	qn. **de** f. qc.	jemanden anklagen
	conjurer		jemanden beschwören
	empêcher		jemanden hindern
	excuser		jemanden entschuldigen
	féliciter		jemanden beglückwünschen
	menacer		jemandem drohen
	persuader		jemanden überreden
	plaindre		jemanden bedauern
	prier		jemanden bitten
	remercier		jemandem danken

§ 55.4 bei Verben mit indirektem Personenobjekt in der Funktion eines direkten Objekts:

Beispiel: Il lui a proposé **un voyage à Paris**. (direktes Objekt)
de l'accompagner. (Infinitiv)

a) nach Verben des Aufforderns, Befehlens, Erlaubens, Verbietens

§ 55.4	commander ordonner	à qn. **de** f. qc.	befehlen
	défendre		verbieten
	demander		bitten
	dire		auffordern
	interdire		untersagen
	permettre		erlauben
	rappeler		daran erinnern
	refuser		verweigern, nicht erlauben
	répondre		antworten, auffordern

b) nach Verben des Vorschlagens

§ 55.4	conseiller	à qn. **de** f. qc.	raten
	offrir		anbieten
	proposer		vorschlagen
	recommander		empfehlen
	suggérer		nahe legen
	und nach:		
	reprocher		vorwerfen
	souhaiter		wünschen

§ 56 Einige wichtige Verben mit unterschiedlicher Infinitivergänzung

§ 56.1	**arriver** J'arrive **à** ouvrir la boite. Il m'arrive **d'**oublier mes clefs.	 Es gelingt mir, etwas zu tun. Es kommt vor, dass ich …
§ 56.2	**commencer à** faire qc. commencer **par** f. qc.	anfangen, etwas zu tun etwas als erstes/zunächst tun
§ 56.3	**décider de** f. qc. **être** décidé **à** f. qc. **se** décider **à** f. qc. décider **qn. à** f. qc.	beschließen, etwas zu tun entschlossen sein, etwas zu tun sich entschließen, etwas zu tun jemanden dazu bringen, etwas zu tun
§ 56.4	**demander à** f. qc. demander à qn. **de** f. qc.	verlangen (selbst), etwas zu tun jemanden (anderen) bitten, etwas zu tun
§ 56.5	**finir de** f. qc. finir **par** f. qc.	aufhören/damit fertig sein, etwas zu tun etwas schließlich/zuletzt (doch) noch tun

§ 56.6	**forcer** / **obliger** } **qn. à** f. qc. être forcé / être obligé } **de** f. qc.	jemanden zwingen, etwas zu tun gezwungen sein, etwas zu tun
§ 56.7	**penser à** f. qc. penser f. qc.	daran denken, etwas zu tun 1. vorhaben, etwas zu tun 2. glauben, etwas zu tun
§ 56.8	**venir** f. qc. venir **de** f. qc. venir **à** f. qc.: S'il venait à neiger …	kommen, um etwas zu tun soeben etwas getan haben Sollte es dazu kommen, dass es schneit …

1

Complétez éventuellement par *de* ou *à* (§§ 53–55):

1. Il a oublié ... me prévenir.
2. En été, nous aimons ... manger dehors.
3. Je désire ... être reçu par le patron.
4. Son petit frère apprend ... nager.
5. Il prétend ... connaître toute l'Europe.
6. Tu n'as pas réussi ... le persuader.
7. Je te promets ... te rendre visite.
8. Nos amis regrettent ... ne pas avoir pu venir.
9. Je n'ose pas ... le contredire.
10. Je les ai entendus ... rentrer.
11. Essaie ... faire plaisir à ta mère.
12. Je préfère ... boire du café que ... boire du thé.
13. Nous nous réjouissons ... vous accueillir.
14. Pourquoi se plaignent-elles ... avoir été oubliées?
15. Je compte ... recevoir bientôt de tes nouvelles.
16. Il est très timide et n'ose pas ... parler.
17. N'oublie pas ... m'envoyer une carte postale.
18. Elle a refusé ... faire partie de notre équipe.
19. En ce moment, nous avons beaucoup de choses ... régler.
20. J'aime ... écouter de la musique pop, mais j'aime mieux ... écouter de la musique classique.
21. Consentez-vous ... organiser une petite fête?
22. Le professeur nous a ordonné ... nous taire.
23. Michel a réussi ... trouver la solution du problème.
24. Nos voisins nous accusent ... être trop distants.
25. Je vous prie ... bien vouloir m'écouter.
26. Elle espère ... avoir de beaux cadeaux d'anniversaire.
27. Nous tâcherons ... être revenus avant la nuit.
28. Tu cherches toujours ... te mettre en valeur.
29. Tu devrais ... tenter ... passer ce concours.
30. Vous n'avez pas osé ... me téléphoner?
31. Il se repent parfois ... être aussi sévère.
32. Elle sait ... plaire à son entourage.
33. Vous craignez toujours ... froisser (kränken) vos amis.
34. Il nous a défendu ... fumer chez lui.
35. Je n'hésiterai pas ... vous rendre ce service.
36. Elle s'est dépêchée ... ouvrir la porte.
37. Tu as entrepris ... faire un travail difficile.

38. Le plat semble … être exquis.
39. Elle paraît … être peinée.
40. Je t'invite … manger une glace avec moi.
41. Il s'amuse … agacer les gens.
42. Veuillez … me répondre par retour du courrier.
43. Mets-toi … travailler sérieusement.
44. Ses parents lui ont interdit … rentrer si tard.
45. Je crois … avoir compris.
46. Il est … souhaiter que le temps s'arrange.
47. J'ai deux mots … lui dire.
48. Vous souvenez-vous … avoir fait cette réflexion?
49. Propose-lui … faire une excursion.
50. Je m'étonne … te voir réagir ainsi.
51. Tu dois … le remercier … t'avoir autant gâté.
52. Tout le monde l'encourage … continuer dans cette voie.
53. Applique-toi … bien faire ta traduction.
54. Renoncez … vouloir toujours … avoir raison.
55. Il est grand temps … partir.
56. Elle passe son temps … faire des travaux manuels.
57. J'ai mis un certain temps … peindre ce tableau.
58. Ils n'ont pas le temps … passer … nous voir.
59. J'avoue … aimer la bonne cuisine.
60. Je tiens … connaître immédiatement la réponse.
61. Tu mérites … avoir beaucoup de succès.
62. Elle affirme … pratiquer plusieurs sports.
63. Aide-moi … porter cette grosse caisse.
64. Il vous reste encore quelques leçons … étudier.
65. Il commence … nous ennuyer.
66. Mon frère a failli … tomber de l'échelle en cueillant des cerises.
67. Il faut absolument rentrer … préparer le repas.
68. Défends-lui … lancer des pierres sur les voitures qui passent.
69. Nous nous sommes résignés … ne pas partir en vacances cette année.
70. Il est très sensible, il faut … éviter à tout prix … le vexer.

2

Complétez par *de*, *à* ou *par* où c'est necessaire (§ 56):

1. Je demande … être servi rapidement.
2. Cet après-midi, il viendra … chercher ses livres.
3. Un jour, elle se décidera bien … venir … nous voir.
4. Il est obligé … passer cet examen avant fin mai.
5. Je vous demande … m'apporter la carte.
6. J'ai décidé … ne plus penser à cette histoire.
7. Que penses-tu … faire ce soir?
8. Le commandant a forcé les soldats … traverser la rivière à la nage.
9. Il n'était pas d'accord au début, mais il a quand-même fini … nous aider.
10. Nous avons décidé … acheter un nouveau téléviseur.
11. Nous sommes forcés … vous faire … savoir les fâcheuses circonstances de cet accident.
12. Je demande … parler au directeur.
13. Je l'ai décidé … sortir avec moi ce soir.
14. Elle n'a toujours pas fini … essuyer la vaisselle.
15. Je crois qu'il commence … pleuvoir.
16. Elle ne s'est pas encore décidée … acheter un aspirateur.
17. Je lui demande … faire ce travail correctement.
18. Tu peux m'aider, s'il te plaît? Je n'arrive pas … fermer la fenêtre.
19. S'il venait … mourir, je ne sais pas comment je pourrais vivre sans lui.
20. As-tu pensé … poster la lettre?
21. Est-ce que cela vous arrive parfois … caler le moteur de votre voiture?
22. Elle commença … nous flatter et finit … nous injurier.
23. Ne m'oblige pas … te dire la vérité.
24. Il pensait … lui faire plaisir, mais en vérité il n'a fait que la vexer.
25. Il faut … trouver un autre surveillant pour cette excursion. Tu ne peux pas décider ton collègue … nous accompagner?
26. A-t-il terminé ses devoirs? – Oui, il vient … les finir.
27. Le proviseur demande … nous voir.
28. Quand viendra-t-il enfin … payer ses dettes?
29. Il ne vient jamais … nous rendre visite; je finis … croire qu'il est fâché avec nous.
30. Demande-lui … t'aider … faire cet exercice de grammaire.

Lösungen

1 Der Artikel

§§ 1–6

Überprüfen Sie Ihren Wissensstand (S. 8)

1. un kilo de pêches / 2. les voyages / 3. beaucoup de connaissances / 4. un pot / 5. je n'ai pas bu d'alcool / 6. les petits pains / 7. des croissants et des pains au lait / 8. pas d'animaux, un chat / 9. ta raquette de tennis / 10. est maintenant_secrétaire / 11. pas mal de natation, très peu de sport / 12. de la persévérance / 13. garnie de fruits / 14. au Portugal et en Espagne.

Übungen (S. 15–19)

1

Une vocation de médecin

2. Je serai_médecin / 3. une belle profession / 4. beaucoup d'argent, un tas de choses / 5. la seule raison, des qualités pour devenir_médecin: du dévouement, de la patience, de l'endurance, une bonne santé / 6. l'argent, les gens, les malades, un métier, rendre_service, faire_plaisir. Quand on aura besoin de moi, je trouverai toujours_moyen d'aider. / 7. le temps, prendre_part à la vie, tu as_envie de jouer au tennis, penser aux malades / 8. tu as_tort, je ferai_attention, le travail, une trop grande place / 9. tu ne te rends pas_compte, la vie de_médecin, faire_peur, j'ai de(s) bons copains dont le père est_chirurgien, la plupart des jours, sans_grand plaisir, la mère qui soit à la maison. / 10. donner_tort au père, trop de clients, travaille à perdre_-haleine, le travail et la famille.

Des vacances réussies

2. l'hôtel, en bordure de la plage, une vaste pelouse où les estivants sont couchés sur des lits roulants / 3. une piscine d'eau douce / 4. la salle, le petit déjeuner, se jeter à l'eau, tant de choses / 5. au petit déjeuner / 6. un buffet, la boisson qu'on préfère, il y a du thé, du café, du chocolat, du jus d'orange, des citrons pressés / 8. des petits pains, des croissants, des gâteaux secs, du beurre, du miel, de la confiture, d'oeufs, de saucisses chaudes, les gens, le patron, moins de sortes / 9. combien de tasses de chocolat / 10. un litre de chocolat si tu en as_envie, parler de la discothèque, garnie de_fauteuils, éclairée de_lumières, sans_boissons, les jeunes, l'essentiel, c'est que la musique soit bonne. / 11. une petite amie / 12. une Hollandaise, la peau bien bronzée, énormément de mots, assez d'argent, un coca, un Allemand, pas mal de fric / 13. Tu n'as pas eu de chance, des vacances

2

1. des fruits, une livre de pommes et un kilo de poires / 2. pas pris de bananes / 3. la moitié des élèves, la plupart des professeurs / 4. une bouteille de jus / 5. une quantité de coquillages, énormément d'algues / 6. toute l'Europe, la France, l'Italie, la Grèce, la Turquie, le Danemark, le Benelux et beaucoup d'autres pays / 7. en France, en Italie, en Grèce, en Turquie, au Danemark, au Benelux, dans toute l'Europe / 8. une vue magnifique sur les montagnes, les vallées, les forêts, les fleuves, les villes, le paysage / 9. un rendez-vous chez_maître Diguet / 10. les Martinon / 11. une promenade, sur la Seine / 12. de la résistance / 13. des petits fours / 14. garnir la table de_bouquets / 15. le chien, de l'homme / 16. de la pitié / 17. le café, du thé / 18. de(s) bons romans / 19. une carte de membre / 20. lui est_dentiste, elle est_assistante

3

1. Je n'aime pas les plantes en pots, apporte-moi des fleurs.
2. Qu'avez-vous rapporté du Maroc?
3. Les pâtes sont le plat national des Italiens.
4. Le mercredi, je fais toujours mes courses.
5. Vendredi prochain, j'irai au cinéma.
6. Ces collègues ont passé un an en Argentine.
7. Prenez-vous un autre verre de vin?
8. J'aimerais bien des petits cornichons.
9. Le Dr. Grilly, médecin de campagne à La Motte, a beaucoup de clients.
10. Chaque matin, elle fait de la gymnastique.
11. Beaucoup d'écrivains ont choisi l'amour comme sujet.
12. J'aime bien grignoter, mais je ne mange jamais de friandises.
13. Offre-lui donc une carafe en/de cristal et du cognac.
14. Parfois on a besoin d'aide.
15. Nous les connaissons bien, mais ce ne sont pas des amis.
16. La maison des Gastiaud est meublée d'antiquités.
17. Cette année, nous n'avons pas acheté de CD; nous avons déjà assez de musique classique.
18. Comme les élèves étaient très bruyants, le professeur a perdu patience.
19. Nous n'avons jamais eu de difficultés avec les voisins.
20. Combien d'enfants ont les Loisel?

4

Texte A

1. le / 2. le / 3. la / 4. l' / 5. de(s) / 6. de l' / 7. l'/(un) / 8. des / 9. le / 10. les / 11. des / 12. les / 13. le / 14. de / 15. de / 16. l'

Texte B

1. l' / 2. la / 3. la / 4. le / 5. la / 6. au / 7. de(s) / 8. de / 9.la / 10. la / 11. – / 12. la / 13. le / 14. la / 15. la / 16. des / 17. d' / 18. des / 19. les / 20. la / 21. de / 22. de / 23. – / 24. la / 25. un / 26. la / 27. un / 28. de / 29. la / 30. de / 31. un / 32. la / 33. le / 34. la / 35. le

2 Das Nomen

§ 7

Übungen (S. 26–28)

1

1. la liaison
2. le ménage
3. la qualité
4. le partage
5. la munition
6. la manchette
7. le chauvinisme
8. la fraternité
9. le trottoir
10. le corset
11. le langage
12. la condition
13. la cage
14. le passage
15. la liberté
16. la fureur
17. le classicisme
18. la bouteille
19. la pagaille
20. une arrivée
21. le rivage
22. une intention
23. la terreur
24. la nouveauté
25. un entonnoir
26. une entrée
27. la commission
28. la loyauté
29. la fourchette
30. la patrie
31. le déguisement
32. le gallicisme
33. le marché
34. le soleil
35. la couleur
36. une occasion
37. le carnaval
38. le boudoir
39. la rage
40. la fertilité
41. le cortège
42. une erreur
43. la côtelette
44. le coton
45. la couronne
46. un étage
47. la bonté
48. le couteau
49. le crayon
50. la coupelle
51. le couloir
52. le talon
53. un honneur
54. le crépitement
55. la soirée
56. la grandeur
57. la quinzaine
58. le crochet
59. le canal
60. le traité

61. une invention
62. la culpabilité
63. la poubelle
64. le pragmatisme
65. la canaille
66. la propriété
67. la surprise
68. la pureté
69. le privilège
70. la prévention
71. la croissance
72. un épuisement
73. la prévenance
74. la raideur
75. la valise
76. le rameau
77. le rationalisme
78. la rançon
79. le regret
80. la douceur
81. le réveil
82. une image
83. la centaine
84. le rival
85. le régal
86. la puissance
87. la méprise
88. la plage
89. la bêtise
90. le manteau
91. le côté
92. la dent
93. la fourrure

2

1. une livre de beurre / 2. va à la poste / 3. le manche est trop court / 4. la voile de son bateau s'est déchirée / 5. le moral était excellent / 6. allume le poêle / 7. la partie de ping-pong sera terminée / 8. la physique / 9. un livre / 10. le voile / 11. le vase / 12. la manche de sa chemise / 13. la morale / 14. la pendule a sonné / 15. le parti socialiste / 16. le manœuvre a perdu son poste / 17. la critique du film / 18. le poste de radio / 19. la poêle / 20. le critique / 21. le garde de cet immeuble / 22. la vase sur la plage / 23. la mode de Paris

3

1. la Citroën / 2. (le) portugais / 3. une pêche ou un abricot / 4. le cigare / 5. le rôle / 6. une nouvelle planète / 7. la salade / 8. le Concorde / 9. la nicotine / 10. un grand sapin / 11. le Paraguay / 12. le France est le paquebot … / 13. le samedi / 14. la date / 15. la danse / 16. un masque / 17. son domaine / 18. le contrôle / 19. le melon / 20. cette photo / 21. le tube de dentifrice / 22. la radio / 23. le cuivre / 24. le sud de la France est beaucoup plus ensoleillé que le nord.

4

1. Cet opéra ne m'a pas plu.
2. Elle est peintre.
3. Cette femme est le seul témoin de l'accident.
4. Le chocolat que tu as acheté est très bon.
5. Notre voisine est Américaine.
6. Dans ce pays, il n'y a pas beaucoup de femmes diplomates.
7. Elle est connaisseur en vin.
8. Cette cliente est très désagréable.
9. J'admire cette chanteuse.

10. Elle a le physique d'une actrice.
11. C'est la plus grande menteuse que je connaisse.

§ 8

Überprüfen Sie Ihren Wissensstand (S. 29)

1. les tuyaux
2. les genoux
3. vos laissez-passer
4. les détails
5. ces clous
6. des récitals
7. des chandails
8. les soupiraux
9. des porte-couteau
10. les bureaux
11. ces lance-pierres
12. les livres de bord
13. «Les Faux Monnayeurs»
14. des maisons de santé

Übungen (S. 34–35)

1

1. clous / 2. récitals / 3. chevaux / 4. vitraux / 5. canaux / 6. écriteaux / 7. portails / 8. chacals / 9. sous / 10. bijoux / 11. bocaux / 12. pneus / 13. métaux / 14. jeux / 15. feux / 16. Etats-Unis, adieux / 17. noyaux / 18. aveux / 19. baux / 20. barreaux / 21. chenaux / 22. bleus / 23. hiboux / 24. pieux / 25. bals / 26. bateaux

2

les grands-ducs
les brise-glace
les dîners de gala
les cure-dents
les monte-plats
les arrière-gardes
les sous-titres
les abat-jour
les gâteaux au fromage
les pique-niques
les chasse-mouches
les avant-toits
les clins d'œil
les casse-croûte
les cache-pot
les grands-oncles
les gardes-chasse
les bêtes à cornes
les avant-guerres
les porte-plume
les tire-bouchons
les presse-papiers
les coups de théâtre
les avant-scènes
les arcs-en-ciel
les souffre-douleur
les Etats-majors

les gardes-barrière
les demi-ton
les Hispano-Américains
les couvre-lits
les choux-raves
les vers à soie
les garde-boue
les sous-sols
les basses-cours
les avant-veilles
les contre-indications
les prie-Dieu
les robes du soir
les arrière-goûts
les timbres de quittance
les arrière-pensées
les aides de camp
les contre-offensives
les sous-vêtements
les chefs-lieux
les thés au citron
les chefs-d'œuvre
les chevaux-vapeur
les professeurs de piano
les Nord-Africains
les arrière-plans

3 Die Begleiter und Pronomen

§ 9 und § 10

Übungen (S. 39)

1

1. celle / 2. celui / 3. celui-ci, celui-là / 4. ceux / 5. ce / 6. celle / 7. ce / 8. ceux-ci, ceux-là / 9. cela (ça) / 10. ceux / 11. c' / 12. ceci, cela / 13. cela (ça) / 14. celle / 15. ceux / 16. celle / 17. c' / 18. ceci (cela) / 19. ceci, cela / 20. ceux / 21. ceci, cela

2

1. il pleut / 2. c'est vrai / 3. il est nécessaire que … / 4. cela me dérange / 5. c'était convenu / 6. cela peut vous surprendre / 7. il est encore trop tôt / 8. c'est un plaisir / 9. cela m'a frappé / 10. c'est très aimable de votre part / 11. il est dangereux de … / 12. il n'est pas impossible que …

§ 11 und § 12

Übungen (S. 42)

1

1. ses devoirs / 2. vos parents / 3. ton amie, ma petite amie / 4. leurs enfants / 5. Je ne trouve pas mes affaires: mon stylo, ma gomme et mon crayon / 6. leur maison / 7. son armoire / 8. son frère, sa sœur / 9. leur argent / 10. leurs vêtements / 11. ses clientes, leurs cheveux.

2

1. la mienne / 2. le leur / 3. le vôtre / 4. le tien / 5. les siens / 6. des vôtres / 7. la sienne / 8. les leurs / 9. le sien / 10. le nôtre

3

1. Monsieur Lecomte, vous oubliez de fermer votre voiture.
2. Mademoiselle Roux a perdu ses parents dans un accident de voiture.
3. Claude sort souvent avec sa petite amie, mais on ne voit jamais Daniel avec la sienne.
4. Maintenant, vous avez vu ma maison; pourrai-je visiter la vôtre, un jour?

§ 13

Übungen (S. 46–48)

1

1. dont / 2. qui / 3. que / 4. où / 5. qui / 6. qui / 7. dont / 8. dont / 9. que / 10. dont / 11. laquelle / 12. d'où / 13. lesquels / 14. qui / 15. que / 16. dont / 17. lesquels / 18. où / 19. auxquelles / 20. dont / 21. qui / 22. desquels

2

1. ce dont / 2. ce qui / 3. ce à quoi / 4. ce que / 5. ce dont / 6. ce à quoi / 7. ce qu' / 8. ce qui / 9. ce que / 10. ce dont

3

1. Le village au milieu duquel il y a une fontaine semble (paraît) abandonné.
2. La fête à laquelle le président a assisté a été un succès.
3. La ville dont nous avons visité les musées a mille ans.
4. La catastrophe qu'on a montrée à la télévision s'est produite (est arrivée) en Alsace.
5. La question à laquelle tu ne t'attendais pas t'a déconcerté(e).
6. Les invités parmi lesquels se trouvaient deux Hollandais sont repartis ce matin.
7. Les parents avec lesquels nous sommes allés à Munich se sont plu en Allemagne.
8. Les appareils dont tu te sers ne sont jamais remis à leur place (… jamais rangés).
9. Les régions où viennent beaucoup de touristes sont surpeuplées en été (l'été).
10. Les livres que tu m'as prêtés m'ont beaucoup plu.

4

1. Les élèves dont le professeur s'est plaint ne font pas attention.
2. Je lui ai rappelé notre invitation qu'il avait oubliée.
3. La ville de Troyes qui est un grand centre culturel est située en Champagne.
4. Nos voisins dont les enfants sont très bien élevés viennent ce soir.
5. Les fleurs que mon fils m'a offertes sont magnifiques.
6. C'est une amie fidèle pour qui j'ai de l'amitié.
7. J'ai reçu des cartes postales sur lesquelles je ne comptais pas.
8. Montrez-moi le livre de cuisine dont vous m'avez beaucoup parlé.
9. C'est une bonne nouvelle à laquelle je ne m'attendais pas.
10. Le jardin qui s'étend autour de la maison est splendide.
11. Lis mon exposé auquel je travaille depuis quinze jours.

5

1. que / 2. qui / 3. dont / 4. dont / 5. qui / 6. que / 7. dont /
8. laquelle (d'où) / 9. qui / 10. lequel / 11. ce dont / 12. auquel

§ 14 und § 15

Übungen (S. 52–53)

1

1. toutes / 2. tous / 3. chacun / 4. toutes les / 5. chaque / 6. tous les /
7. tout / 8. chacune / 9. chaque / 10. chaque / 11. toutes les / 12. tout /
13. chacun / 14. toutes / 15. chaque / 16. tous / 17. toute la

2

1. Personne ne l'a vu.
2. Elle a reçu plusieurs (quelques) lettres d'Amérique.
3. Cet auteur a écrit beaucoup de romans dont quelques-uns/tous ont été un succès.
4. Ces gens ne possèdent pas une seule (aucune) maison.
5. Je n'ai rien bu avant de me mettre au travail.
6. Dans cet endroit, on rencontre quelqu'un (tout le monde).
7. … Je n'en prends aucun (pas un seul).
8. Elle m'a tout dit (elle m'a dit quelque chose).
9. … Il en a eu plusieurs (quelques-unes) …
10. Je ne vois personne à la caisse.

3

1. Nous avons passé quelques jours à Tours.
2. Toutes les maisons de ce quartier sont à vendre (en vente).
3. Chacune a deux étages.
4. Le vent souffle de tous les côtés.
5. Beaucoup d'amis sont venus nous voir (nous rendre visite) mais quelques-uns ne sont restés qu'une heure.
6. Il ne peut rien nous prêter.
7. Tu dois lui dire quelque chose.
8. Tous étaient prêts pour le départ (prêts à partir).
9. Il ne faut pas tout croire.
10. Personne ne nous a invité(e)s à cette fête.
11. Chacun de ses frères est devenu médecin.
12. Tous ses livres se vendent bien.
13. Il est parti (allé) à l'école sans rien dire.
14. Les élèves se lèvent tous quand le directeur entre.
15. Qui a dépensé tout l'argent?
16. Nous n'avons pas eu un seul jour de pluie.
17. Cet établissement est uniquement pour certaines personnes.
18. Donne-moi quelques conseils pour notre voyage.
19. Cet enfant connaît plusieurs poésies (poèmes) par cœur.
20. Ne dis pas n'importe quoi à n'importe qui.

4

1. tout le monde / 2. tous / 3. tous / 4. tout le monde / 5. tout le monde / 6. tous / 7. tous / 8. tout le monde

§§ 16–20

Übungen (S. 59–61)

1

1. Elle vous en raconte.
2. Elle les leur a racontées.
3. Je vous le recommande.
4. Il nous en a offert.
5. Elle te les a apportées.
6. Ne l'oblige pas à en reprendre.
7. Demandez-lui …
8. M. Michelet se les est fait couper …

9. Nos voisins en ont quatre.
10. Nous l'entendons gronder.
11. Ses parents ne peuvent pas le lui offrir.
12. Il faut l'avoir vu.
13. Le voyez-vous passer au loin?
14. Pourquoi pars-tu sans elle?
15. Tu ne peux pas rester plus longtemps chez eux.
16. Ils en ont en Angleterre.
17. Nous leur en avons parlé.
18. Je l'ai entendu souffler toute la nuit.
19. Voulez-vous les leur emporter?
20. Mets-le.
21. Ne les mets pas.
22. Quand les lui rendras-tu?
23. Brigitte lui en achète un.
24. Prenez-en.
25. N'en mangez pas.
26. Luc pense souvent à elle.
27. Retirez-en assez …
28. Je ne veux pas y toucher.

2

1. Elle en a beaucoup …
2. Ne t'en occupe pas.
3. Combien en as-tu commandées?
4. Pensez-y.
5. En as-tu sorti les bouteilles?
6. Rangez-y vos affaires.
7. Les spectateurs en ont félicité le gagnant.
8. Nous y déposons notre amie.
9. Tu en dépenses trop.
10. Jetez-y un coup d'œil …
11. N'y fais pas attention …
12. Nous y avons trouvé des coquillages magnifiques.

3

1. Je vais te le dire.
2. Je te l'ai dit.
3. Nous devons le leur rendre.
4. Je vais la faire venir.
5. Allez le voir.

6. N'allez pas le voir.
7. Nous en avons entendu parler.
8. Je voudrais (j'aimerais) vous en parler.
9. Laisse-moi parler.
10. Laissez-le entrer.
11. Ne l'accepte pas.
12. Le lui as-tu déjà raconté?
13. Qui le lui a offert?
14. Il danse avec elle.
15. Attendez-nous.
16. Mangez sans moi.
17. Ne comptez pas sur eux (elles).
18. Il ne travaille que pour elle.
19. Nous n'avons rien contre toi.
20. Ne parle pas toujours d'eux (elles).
21. Ne le laissez pas partir avec elle.
22. N'y pense plus et n'en parle plus.
23. Ne la crois pas.
24. Dis-le-nous.
25. Je vais vous y conduire (vous conduire là-bas).
26. Pauline est en Angleterre; elle en reviendra bientôt (elle va bientôt en revenir).
27. Aimes-tu le cinéma? Nous pourrions y aller.
28. Mes clés ne sont plus sur la table! Je les y avais pourtant posées (mises).
29. Qui a joué cette carte, toi ou moi?
30. Cette robe? Je l'ai faite faire sur mesures.

4

1. Mes élèves en sont revenus fatigués.
2. Tu parles mal d'eux.
3. Ne vous en approchez pas.
4. Nous y avons assisté.
5. Marianne s'occupe très bien de lui.
6. Elle lui ment souvent.
7. Je vous en remercie.
8. Les employés de ce bureau ont peur de lui.
9. Je me souviens bien d'eux.
10. Tu peux en être fier.
11. Vous devez vous y mettre.
12. Les enfants des Legrand ne leur ressemblent pas.
13. J'en ai envie.
14. Elle n'y a jamais cru.

15. Il n'est pas content d'eux.
16. Il en est fâché.
17. Nous n'y étions pas préparés.
18. Ils ne s'en sont pas aperçus.

§ 21 und § 22

Überprüfen Sie Ihren Wissensstand (S. 62)

1. quelles / 2. qu'est-ce que / 3. qu'est-ce qui / 4. quoi / 5. qui / 6. lesquels / 7. quoi/lesquelles / 8. ce que, quoi / 9. qui / 10. auxquels/auquel/à qui

Übungen (S. 65–67)

1

Dites-moi …

1. qui a téléphoné.
2. de qui il parle.
3. à qui vous écrivez.
4. ce qui est arrivé.
5. qui vous voulez voir.
6. ce que vous désirez.
7. à quoi vous rêvez.
8. de quoi il s'agit.
9. ce qu'on vous a conseillé.
10. ce qui a transformé votre vie.
11. qui vous avez rencontré.
12. sur quoi vous comptez.
13. ce que vous vous imaginez.
14. quelles régions de France vous préférez.

2

1. Qui a gagné …?
2. Qu'est-ce que le gagnant a remporté?
3. A quoi servent ces appareils?
4. A qui est ce bateau?
5. De quoi a-t-elle peur?
6. A quoi cet enfant consacre-t-il trop de temps?
7. Avec quoi as-tu coupé le rôti?
8. Quelle heure est-il?
9. Quelle pièce (la pièce de qui) as-tu préférée?

10. Quelle robe vas-tu acheter?
11. Qui a écrit plusieurs romans célèbres?
12. Quel âge a Danièle?
13. Que fait Nicole?
14. A quoi allez-vous contribuer?
15. Qui a répandu la nouvelle?
16. De qui as-tu fait la connaissance …?

3

1. De qui parles-tu?
2. Dis-moi de qui tu parles.
3. A quoi penses-tu?
4. Dis-moi à quoi tu penses.
5. Avec qui as-tu fait ce voyage?
6. Avec quoi peins-tu?
7. Qui m'aidera? (Qui va m'aider?)
8. Qu'est-ce que tu cherches? (Que cherches-tu?)
9. Qui avez-vous recontré?
10. De quoi le professeur a-t-il parlé?
11. Raconte-moi quelque chose. – Quoi?
12. A Cologne, il y a beaucoup d'églises. Lesquelles as-tu déjà visitées?
13. Quelles sont tes fleurs préférées?
14. J'aimerais (je voudrais) bien apprendre une langue vivante, mais laquelle?
15. Pourquoi ne fais-tu pas ce que j'attends de toi?
16. J'hésite entre ces deux possibilités. Laquelle est la meilleure?
17. En quoi consiste ton travail? Je me demande quelle occupation tu as.
18. Ces soldats ont vécu des jours terribles, mais ils ne veulent pas nous dire lesquels étaient les pires.

4

1. ce que / 2. quoi / 3. que / 4. quoi / 5. qu' / 6. lesquels / 7. quoi / 8. quelles / 9. qu' / 10. quoi / 11. ce qu' / 12. ce qui / 13. lesquels / 14. lesquelles (quoi) / 15. ce qui / 16. qui (quoi), qui (quoi) / 17. lesquelles (quoi) / 18. ce que / 19. quelle / 20. ce que, quels / 21. qui (qui est-ce qui), ce qu' / 22. quoi / 23. quelles, quoi / 24. lesquels / 25. ce qui / 26. quoi, qui / 27. quoi, qui / 28. qu'est-ce que, ce qui, ce à quoi

4 Das Adjektiv

§§ 23–25

Übungen (S.73–75)

1

1. de grosses glaces / 2. ces pierres précieuses / 3. les chantiers navals / 4. une crise financière / 5. les crêpes bretonnes / 6. ces chaises basses sont d'anciens prie-dieu / 7. une vie très active / 8. des paroles consolatrices / 9. la crème est trop grasse. / 10. beaucoup de maladies mortelles / 11. une amie discrète qui n'est jamais jalouse / 12. des coups brutaux / 13. la cuisine grecque / 14. Les héroïnes de Balzac sont tantôt naïves, sottes, cruelles, coquettes, destructrices, mais jamais banales. / 15. une réponse franche, carte blanche / 16. sa mine moqueuse / 17. la valeur réelle de ces assiettes anciennes / 18. des parents très libéraux / 19. des nuits entières / 20. de notoriété publique / 21. les pull-overs vert foncé et les pantalons marron.

2

1. «Bel Ami» / 2. club franco-allemand / 3. court instant / 4. pièce embaumée, odeur fraîche et exquise / 5. brioche dure comme de la pierre / 6. rideaux rouge foncé, façon très décorative / 7. nouvelle secrétaire / 8. soirée élégante, robe longue, chaussures habillées / 9. propres paroles / 10. fille boudeuse, mauvais caractère

3

1. Notre professeur de géographie est …
   a) aussi sévère que celui de français.
   b) plus sévère que celui de français.
   c) moins sévère que celui de français.

2. Nadine est …
   a) aussi bonne en dessin que Nathalie.
   b) meilleure en dessin que Nathalie.
   c) moins bonne en dessin que Nathalie.

3. En Corse certaines routes sont …
   a) aussi mauvaises qu'en Grèce.
   b) plus mauvaises qu'en Grèce.
   c) moins mauvaises qu'en Grèce.

4. La grippe de Claude est …
   a) aussi mauvaise que celle de son frère.
   b) pire que celle de son frère.
   c) moins mauvaise que celle de son frère.

4

1. Je n'en ai pas la moindre idée.
2. Elle est extrêmement susceptible.
3. Connais-tu le meilleur restaurant de la ville?
4. Nous avons visité la plus vieille église de la région.
5. Nous avons des rapports amicaux avec ces gens (personnes).

5 Das Adverb

§§ 26–29

Übungen (S. 79–81)

1

1. gentiment / 2. nerveusement / 3. constamment / 4. confusément / 5. tranquillement / 6. vraiment / 7. bruyamment / 8. précisément / 9. récemment / 10. absolument

2

1. Cet ouvrier travaille plus soigneusement que ses collègues.
2. Toute la famille salua poliment.
3. Luc écrit plus lentement que les autres élèves.
4. Ce groupe chante le mieux. (C'est ce groupe qui …)
5. C'est à la plage que je m'ennuie le plus.
6. Nous étions dans la région de France où il pleut le moins.
7. Il ne peint pas mal, mais sa femme peint encore mieux.
8. Traverse prudemment la rue.

3

1. faux, connue / 2. bien, claires / 3. parfaitement / 4. nouveau, bon / 5. rapidement, bas / 6. lentement / 7. extrêmement difficile, gros / 8. lourd / 9. terrible, mauvais / 10. vraiment adroit, gentiment / 11. rapidement, malsain / 12. prudemment, lentement, dangereuses / 13. élégamment, soigneusement / 14. gravement, prochainement

4

1. mal / 2. mauvais / 3. mal / 4. mal / 5. mauvais / 6. mauvais

5
1. bon / 2. bonne / 3. bien / 4. bien / 5. bien / 6. bonne

6
1. mieux / 2. meilleure / 3. mieux / 4. meilleure / 5. meilleure / 6. mieux

7
1. très / 2. beaucoup / 3. très / 4. très / 5. beaucoup / 6. beaucoup

6 Die Zeiten des Verbs

§ 30 und § 31

Überprüfen Sie Ihren Wissensstand (S. 82)
1. avons repassé / 2. sont tombés / 3. ne s'est pas expliquée / 4. ai senties / 5. j'ai prises / 6. ne s'est pas nettoyé / 7. a été / 8. a fait / 9. a rentré / 10. a sauté / 11. est disparu / 12. as-(tu) installés

Übungen (S. 87–89)

1
s'est beaucoup ennuyé; a décidé; a ouvert; a pris; a mis; est allé; a sonné; a couru; a répondu; a écrit; est arrivé; a parlé; a cherché; a essayé; n'a pas pu; s'est fâché; l'a traité; a commencé; a quitté; s'est enfermé

2
1. a dormi / 2. est sorti / 3. avons pris / 4. ont acheté / 5. s'est trompé / 6. as fait / 7. est né / 8. est arrivé / 9. a aperçu / 10. j'ai reçu / 11. est retourné / 12. ont vécu / 13. est descendu / 14. est allé, a plu / 15. s'est beaucoup amusé

3
j'ai sorti / je les ai donnés / elle ne les a pas regardés et elle les a jetés / elle m'a dit / elle a regardé / elle a vu / j'ai dit / j'ai essayé / Louisette s'est écartée / elle l'a fait tourner / elle a lâché / elle l'a lâchée / l'avion est parti / tu as fait / j'ai crié / je me suis mis / m'a dit Louisette / il est tombé

4

la famille a profité / ils ont marché / Brigitte a butté et est tombée / elle s'est relevée / son genou a commencé / Mme Dupin a proposé / ils se sont dirigés / ils sont entrés et se sont assis / ils ont admiré / le garçon est venu / M. Dupin a commandé / ils ont bu / ils ont payé / Brigitte est allée et a lavé / elle est revenue / ils se sont remis

5

1. j'ai entendu / 2. as descendus / 3. se sont offert / 4. avez vus / 5. a battu, a nagé / 6. s'est laissé / 7. se sont dit, se sont réconciliés / 8. est-elle montée / 9. nous sommes fait gronder, sommes revenus / 10. l'ai aidée, ne m'a pas remercié

6

1. laissé / 2. vues / 3. fait / 4. arrivés, fait / 5. laissé / 6. essayé, fait

7

1. Parle-moi des films que tu as vus.
2. Elle s'est coupé les cheveux elle-même.
3. Je ne l'ai pas laissé se reposer.
4. Nous nous sommes efforcés de leur faire plaisir.
5. Les chiens ont obéi et ont accouru aussitôt.
6. Non, ce ne sont pas les livres que j'ai commandés.
7. Quels amis as-tu invités?
8. As-tu vu combien de robes elle a achetées?
9. J'ai vu qu'elle avait pleuré.

§ 32 und § 33

Überprüfen Sie Ihren Wissensstand (S. 90)

1. faisait / 2. sont partis / 3. nageait / 4. sont arrivés / 5. répondait, prenait, communiquait / 6. amusions, a commencé / 7. s'est approchée, a tendu, a dit, n'avait pas / 8. j'ai appris, ne l'ai pas cru / 9. entendions, déferlaient

Übungen (S. 93–94)

1

Un élève rêveur

1. avait / 2. retournait / 3. n'arrivait pas / 4. étaient / 5. rêvait / 6. a demandé / 7. a paru / 8. s'est levé / 9. est allé / 10. a commencé /

11. se sont mis / 12. s'est fâché / 13. a renvoyé / 14. a fondu / 15. a pris / 16. aimait

L'orage

1. était / 2. semblaient / 3. brillait / 4. allaient / 5. venaient / 6. fêtait / 7. s'est assombri / 8. ont apparu / 9. ne s'en est aperçu / 10. a continué / 11. entendait / 12. volaient / 13. agitaient / 14. sont tombées / 15. avait / 16. ont déchiré / 17. ont quitté / 18. s'est vidée

2

1. n'a-t-il pas ouvert / 2. j'ai sonné / 3. devait / 4. ne voulait pas / 5. j'ai entendu / 6. riaient / 7. m'a toujours fait / 8. avait / 9. désirait / 10. voyait / 11. donniez

3

Quand nous avons ouvert la porte et que nous sommes (r)entrés dans la maison, nous avons entendu un bruit. Comme la lumière était éteinte, nous avons dû d'abord chercher le commutateur. On avait l'impression qu'il y avait quelqu'un qui nous observait. Enfin Nicole a allumé (la lumière). Nous avons regardé autour de nous, mais nous n'avons rien pu constater. J'ai quitté ma veste et je voulais l'accrocher dans la garde-robe quand j'ai de nouveau entendu quelque chose. Soudain, j'ai vu quelque chose de noir qui bougeait. J'ai reconnu Minette, la chatte (le chat) de nos voisins.

4

1. voulais / 2. m'a dit / 3. n'en était pas / 4. n'aimait pas / 5. fréquentais / 6. faisait / 7. j'étais / 8. n'avais pas / 9. m'a fait / 10. m'a dit / 11. j'étais / 12. j'étais / 13. a ouvert / 14. a dit / 15. m'a embrassé / 16. a appelé / 17. est venu / 18. était / 19. avait / 20. brillaient / 21. avait / 22. a commencé / 23. ne devais pas / 24. avait / 25. ai répondu / 26. j'avais / 27. a semblé / 28. a commencé

§ 34

Übungen (S. 96)

1. Dès qu'elle m'a invité à Los Angeles, j'ai pris l'avion pour les Etats-Unis.
2. Quand Mme Dubois avait fait la cuisine, ses enfants attendaient impatiemment l'arrivée de leur père.
3. Après qu'une dernière cliente eut acheté des fleurs, la fleuriste ferma son magasin.

4. Quand il avait regardé trop d'émissions, il s'endormait devant la télévision.
5. Lorsqu'il eut fait quelques pas vers moi, je le reconnus.
6. A peine fut-elle arrivée à la maison que la neige commença à tomber.
7. Quand ils s'étaient entrainés pendant des heures, ils se retrouvaient au café du coin.
8. Lorsqu'il avait décidé quelque chose, nous devions obéir.

§ 35–37

Übungen (S. 98–99)

1

1. Je viendrai (je vais venir) ce soir.
2. Dès que nous serons rentrés (revenus) de la piscine, nous préparerons le dîner.
3. L'avocat était d'avis que le témoin ne viendrait pas.
4. Il passera le bac dans deux ans.
5. Sa mère a toujours cru qu'il lui écrirait.
6. Dès que tu auras tondu la pelouse, nous irons en ville.
7. Michel nous a confirmé que sa sœur aurait lu le livre avant Noël.
8. Ses amis pensaient qu'il appellerait (téléphonerait) pour l'anniversaire de son père.
9. Il a promis de payer ses dettes dès qu'il aurait économisé assez d'argent.
10. Attends, je vais te donner quelques fleurs du jardin.

2

1. a trouvé / 2. parle, prennent (parlait, prenaient) / 3. avait perdu, est allé / 4. aura mis / 5. aura / 6. aurait / 7. auras terminé, penseras / 8. a dépensé, s'est acheté, a passé, a fêté, a perdu / 9. restaient, avaient / 10. partaient (étaient partis), s'occupaient / 11. n'était pas / 12. séjournerait / 13. est partie, fut terminée (a été terminée) / 14. auront découvert, seront enfin sauvés / 15. déjeunons, fera, prendrons / 16. aimerait, ne veut pas (aurait aimé, n'a pas voulu) / 17. auras appris / 18. désirerions (aurions désiré) / 19. a envoyé / 20. préparait, est revenu, a dérangé / 21. j'avais déjà renoncé, j'ai compris, convenait (ne m'aurait pas convenu)

7 Die Bedingungssätze

§ 38

Überprüfen Sie Ihren Wissensstand (S. 100)

1. avais / 2. aimes / 3. aviez remonté / 4. aurait / 5. suffirait / 6. entends / 7. n'était pas partie / 8. prends / 9. supportais / 10. pouvait

Übungen (S. 102–103)

1

A

1. irions / 2. gagnerez / 3. se serait sauvé / 4. serait / 5. auraient été / 6. j'achèterais / 7. n'oublie pas / 8. ferait / 9. s'inquiéterait / 10. dois

B

1. j'avais / 2. avait terminé / 3. penses / 4. lisiez / 5. avaient permis / 6. n'avaient pas téléphoné / 7. aimes / 8. confie / 9. j'avais parlé (parlais) / 10. étiez

2

1. quand / 2. si / 3. si / 4. si / 5. quand / 6. si / 7. quand / 8. quand / 9. si / 10. quand

3

1. Si les Garnier avaient eu de l'argent, ils seraient allés en Angleterre.
2. Si tu ne connais pas les règles du jeu, je vais te les expliquer.
3. Si Isabelle avait été plus appliquée (travailleuse), elle n'aurait pas tant (autant) de problèmes à l'école.
4. Si François trouvait cet appartement (ce logement) assez grand, il le louerait.
5. Si l'Espagne n'était pas si (aussi) loin, nous pourrions y passer une semaine.
6. Montre-moi tes devoirs si tu as déjà fini (terminé).
7. Si Colette y avait pensé, elle t'aurait appelé (téléphoné).
8. Nous n'aurons plus de place(s) de théâtre, si tu n'appelles (téléphones) pas tout de suite.
9. Si les peintres ne font pas de pause de midi, ce soir ils auront tapissé toute la pièce.
10. Si les enfants sont raisonnables, nous les laisserons seuls.

8 Die indirekte Rede

§ 39 und § 40

Überprüfen Sie Ihren Wissensstand (S. 104)

1. L'hôtesse de l'air nous informa qu'elle nous servirait des boissons une demi-heure plus tard.
2. Michel m'a demandé si j'avais envie de faire un match de tennis avec lui ou si j'avais déjà joué la veille.
3. Nos amis nous ont raconté qu'ils iraient passer une partie de l'hiver en Andalousie.
4. Dis-moi ce que tu as acheté au marché.
5. Sa correspondante lui a écrit que quand elle aurait terminé son stage de monitrice, elle viendrait lui rendre visite.
6. Le professeur a dit aux élèves qu'avant ils avaient toujours fait attention et que depuis quelques temps ils étaient distraits.
7. On nous avait prévenus qu' à Paris il était très difficile de trouver un parking et qu'on attrapait facilement un P.V.
8. Ma sœur m'a annoncé que le dimanche précédent elle avait décidé de partir en France avec Luc.
   Elle a ajouté qu'ils prendraient le train deux jours plus tard.
   Elle m'a promis que Luc me téléphonerait quand ils seraient arrivés à la gare de l'Est.
   Elle m'a dit qu'elle me souhaitait bon courage pour mon travail.

Übungen (S. 109–111)

1

Mireille affirmait …

1. qu'elle aurait dû se coucher plus tôt.
2. qu'elle avait mal dormi la nuit précédente (d'avant).
3. qu'elle avait froid.
4. qu'elle allait prendre un bon bain chaud.
5. qu'elle se sentirait mieux après.
6. qu'ainsi elle aurait mieux commencé la journée.

2

Je te demande/Dis-moi …

1. ce que tu en penses.
2. si tu as déjà lu ce livre.
3. quand tu l'auras terminé.
4. si tu pourras me le rendre la semaine prochaine.

3

Mireille m'a demandé …
1. ce que j'en pensais.
2. si j'avais déjà lu ce livre.
3. quand je l'aurais terminé.
4. si je pourrais le lui rendre la semaine d'après (suivante).

4

Les Dubois nous ont raconté …
1. qu'ils étaient allés en Autriche.
2. qu'ils en gardaient des souvenirs merveilleux.
3. qu'ils y retourneraient l'été suivant.
4. qu'ils nous montreraient leurs photos quand ils les auraient développées.
5. que nous pourrions y aller ensemble l'année suivante.

5

Pierre voulait savoir …
1. si la région parisienne était surpeuplée.
2. si ce serait pire dix ans plus tard (après) et si on pourrait encore construire d'autres immeubles.
3. où nous avions garé notre voiture pendant notre séjour à Paris.
4. quand les Français auraient compris que vivre en province serait plus agréable.

6

Les voisins des Meunier ont déclaré …
1. qu'ils (= les Meunier) faisaient trop de bruit.
2. qu'ils avaient été gênés la veille.
3. qu'ils devraient être plus discrets le lendemain.
4. qu'ils auraient enfin la paix quand ils auraient quitté le quartier.

7

1. B. a dit à N. qu'elle était gentille de lui donner un coup de main, car il y avait encore beaucoup à faire.
2. N. lui a répondu qu'elle allait garnir les plats de viande, s'il voulait.
3. B. lui a raconté qu'il en avait déjà préparé deux, mais que ça ne suffirait pas pour tant de personnes et qu'il en fallait encore un.
4. N. lui a demandé où il avait rangé la viande et elle a ajouté qu'elle ne la voyait pas dans le frigidaire.
5. B. a expliqué que, comme la cave était bien fraîche, il y avait descendu les rôtis.
6. N. a répliqué qu'elle aurait dû apporter des cornichons et du persil pour décorer le plat.

7. Mais B. a assuré qu'elle trouverait tout ça dans la cuisine.
8. N. voulait savoir combien de temps il avait mis à faire toutes ses salades.
9. B. s'est plaint qu'il y avait passé au moins trois heures et qu'il ne l'aurait jamais cru.
10. N. a promis qu'elle couperait du pain et sortirait les verres du placard quand elle aurait terminé ce plat.
11. B. a avoué qu'il aimerait bien et a affirmé qu'il allait mettre les fleurs dans un vase pendant ce temps et qu'il disposerait les amuse-gueule dans de petits raviers.
12. N. a demandé s'ils prendraient l'apéritif avec les premiers invités qui arriveraient ou s'ils attendraient un peu.

9 Der Konjunktiv

§ 41 und § 42

Übungen (S. 116–117)

1

1. partiez / 2. nous servions / 3. ailles / 4. soit / 5. puisse / 6. écrive / 7. obéisses / 8. fassent / 9. soit / 10. n'aies pas / 11. se mette, dise / 12. puisse / 13. punisse / 14. aie / 15. donniez / 16. ne viennes pas / 17. commettent / 18. ne veuillent plus / 19. apprenne / 20. soit / 21. invitions / 22. nous taisions / 23. restions / 24. écoutiez / 25. entendions

2

1. buvions / 2. ne mettait pas / 3. avait téléphoné / 4. réponde / 5. arrivions / 6. aviez déjà déjeuné / 7. feras / 8. travaillez (n'avez pas travaillé) / 9. aient / 10. allait / 11. tient / 12. sont / 13. fassent / 14. arriveraient / 15. emmeniez / 16. offrait / 17. ne connaisse pas / 18. soit / 19. avons attendu / 20. quittions / 21. dise / 22. alliez vous fiancer (vous fianciez) / 23. réussissiez / 24. vous donnez / 25. fasse

10 Das Partizip Präsens, das Verbaladjektiv und das gérondif

§§ 43–47

Übungen (S. 122–123)

1

1. N'ayant pas envie d'attendre plus longtemps, elle partit subitement.
2. Les lettres venant d'Amérique mettent cinq à six jours.
3. Aimant s'entourer d'amis, elle n'hésite pas à lancer des invitations.
4. Le lait étant resté sur la table, il a tourné.
5. Elle continue …, voyant pourtant mon impatience.
6. Riant à cœur joie, elle ne pensait plus à ses problèmes.
7. Tu te lèves trop tard, sachant pourtant que tu arrives toujours en retard.
8. Un jeune Français, habitant Nice, aimerait venir en Allemagne.
9. Ne voulant pas insister sur la question, je préfère parler d'autre chose.
10. Déployant toutes leurs forces, ils arrivèrent au sommet.

2

1. Elle écoute toujours la radio en faisant ses devoirs.
2. Ils nous ont salués en nous souriant.
3. En prenant régulièrement ton médicament, tu n'aurais pas toujours mal à la tête.
4. N'oubliez pas de fermer la porte en sortant.
5. Elle a quitté la pièce en se fâchant.
6. En regardant ces prospectus, j'ai envie de partir en vacances.
7. En lui parlant raisonnablement, tu pourrais peut-être la convaincre.
8. Elle a fait fortune en chantant.
9. Vous auriez assez d'argent pour acheter ce bateau en faisant des économies.
10. Les danseurs traversèrent la salle en tourbillonnant.

3

1. En prenant l'avion, vous serez à Alger ce soir.
2. L'été étant fini, il faut rentrer les meubles de jardin.
3. Tout en connaissant mes goûts, elle s'obstine à m'offrir n'importe quoi.
4. Il s'est tordu la cheville en sautant.
5. Etant très sympathique, ce serveur a de gros pourboires.
6. Ils nous ont dit au revoir en nous embrassant.
7. En s'appliquant, il pourra faire des progrès.

8. Une jeune femme, faisant le ménage chez un médecin, s'est présentée chez nous.
9. Nous reconnaissant, le chien a accouru vers nous.
10. Commençons à manger en écoutant les informations.

4

1. les robes montantes / 2. les fruits venant d'Espagne / 3. ces gens sont très regardants / 4. des escaliers roulants / 5. les gâteaux ne suffisant pas / 6. la sauce piquante / 7. ses discours promettant toujours trop de choses / 8. les fans hurlant de joie / 9. une vie trépidante / 10. les enfants trépignant d'impatience

5

1. Ne voyant pas le danger, il n'a pas freiné.
2. Il a couru à toute vitesse sur le sable brûlant.
3. En fumant moins, tu pourrais économiser beaucoup d'argent.
4. Il écoutait de la musique (tout) en faisant ses devoirs.
5. Il m'offre toujours des cigarettes, tout en sachant pourtant que je ne fume pas.
6. Les enfants jouant dans la rue habitent dans cette tour.
7. C'est une histoire amusant tout le monde.
8. On entretient (soigne) sa voiture en la lavant régulièrement.
9. Si/Quand M. Leroc quitte la maison tard, sa femme ne peut pas aller à la piscine.
10. En quittant la maison tard, M. Leroc évite les embouteillages.

11 Das Passiv

§§ 48–50

Übungen (S. 128–129)

1

1. Le musée sera fermé pendant une semaine.
2. Le voleur de la moto a été arrêté par les gendarmes.
3. Nous avons été fascinés par les tableaux de Picasso.
4. La voiture ne pourra pas être réparée par ce mécanicien.
5. La circulation avait été bloquée par un violent orage.
6. Ce genre de dictionnaire est utilisé par des traducteurs professionnels.
7. Le record du monde de marathon a été battu par un coureur américain.
8. Un nouveau pont serait construit par les ingénieurs si la municipalité avait assez d'argent.

9. Les cigarettes ont été découvertes par les douaniers bien qu'elles aient été bien cachées.
10. Les disparus auraient été trouvés si le temps n'avait pas été si mauvais.
11. Le malade sera sauvé par ce docteur.
12. Je pensais que nos copies seraient corrigées par notre professeur avant vendredi.
13. La salle d'exposition était surveillée par un seul gardien.
14. Les habitants ont été aidés par les pompiers à sortir de la maison en flammes.
15. Les cambrioleurs étaient suivis de près par les agents de police.

2

Louis Pasteur

Aujourd'hui, tout le monde sait que les maladies contagieuses <u>sont causées</u> par des êtres infiniment petits, les microbes. Ce fait <u>a été prouvé</u> au XIXe siècle par le chimiste Louis Pasteur. Toute la vie de ce grand savant <u>a été consacrée</u> à l'étude des microbes et à la lutte contre les maladies qui <u>étaient causées</u> par ceux-ci.

L'existence des microbes <u>était déjà connue</u> avant Pasteur, mais on ne s'imaginait pas qu'il y ait un rapport entre eux et les maladies contagieuses. Vers 1864, Pasteur a réussi à démontrer que les germes des microbes <u>étaient contenus</u> dans les poussières de l'air. Comme il pensait que les microbes étaient dangereux et que certaines maladies pouvaient <u>être causées</u> par eux, il a conseillé aux chirurgiens de supprimer les germes avant une opération et leur a indiqué comment le faire. Mais les médecins se sont montrés méfiants ou hostiles.

Le moyen de combattre les microbes qui <u>a été découvert</u> par Pasteur, <u>est employé</u> de nos jours dans le monde entier: un vaccin, c'est-à-dire le germe d'une maladie qui <u>a été/est affaibli</u> par un procédé spécial, <u>est inoculé</u> à des animaux ou à des hommes qui résistent désormais à la maladie.

Mais c'est par son traitement de la rage que Pasteur <u>a été rendu</u> célèbre dans le monde entier. Après de nombreuses expériences, il a réussi à vacciner des chiens contre cette terrible maladie. Mais est-ce que ce traitement pouvait <u>être appliqué</u> à des personnes? En 1885, un petit Alsacien de neuf ans, Joseph Meister, qui <u>avait été mordu</u> par un chien enragé, <u>a été présenté</u> à Pasteur avec la prière désespérée de tenter l'impossible pour le sauver. Après de longues hésitations, la décision de Pasteur <u>a été prise</u>. Pendant dix jours, des inoculations du microbe de plus en plus dangereuses <u>ont été appliquées</u> et au bout de quelques semaines, il était clair que le petit Alsacien <u>était sauvé</u>. Après cet énorme succès, des personnes mordues par des chiens sont venues de partout au laboratoire de Pasteur. Bientôt, le bâtiment ne suffisait plus. C'est alors que l'Institut Pasteur <u>a été fondé</u>. Aujourd'hui, les bienfaits des découvertes du grand savant <u>sont répandus</u> dans le monde entier dans de nombreux établissements qui <u>ont été/sont fondés</u> sur le modèle de l'Institut Pasteur de Paris.

3

1. Les tickets seront envoyés la semaine prochaine.
2. La bibliothèque a été fermée pour travaux pendant un mois.
3. Les salles de classe sont toujours rénovées pendant les vacances.
4. Ce CD se vend très bien.
5. Notre équipe de football n'aurait pas été battue si le gardien de but n'avait pas été blessé.
6. Ce restaurant est surtout fréquenté par des jeunes.
7. J'ai lu que le nouvel hôtel de ville serait inauguré par le maire.
8. Au Maroc, on parle français.
9. La gare de notre ville a été détruite pendant la guerre.
10. Le cambrioleur serait découvert s'il allumait la lumière.
11. La voiture se vendra/sera vendue à un bon prix à condition que le moteur soit remplacé.
12. On ne mange pas pendant les cours.

12 Konjunktionen und Präpositionen

§ 51

Übungen (S. 132–133)

1

1. jusqu'au coucher / 2. avant que / 3. après / 4. dès que / 5. sans / 6. selon que / 7. depuis / 8. selon / 9. avant / 10. après qu'elle / 11. sans que / 12. quand (lorsque) / 13. pendant que / 14. jusqu'à ce que / 15. malgré / 16. pendant / 17. pour que / 18. dès / 19. quoique (bien que) / 20. depuis que / 21. jusqu'à / 22. après / 23. lors / 24. pour

2

1. eut appris / 2. fonde / 3. retentisse / 4. sois / 5. a fait / 6. sort / 7. verront / 8. comprenne / 9. punissent / 10. connais / 11. prenais / 12. auras / 13. pensais / 14. ait / 15. fasse / 16. vienne / 17. seras / 18. convienne / 19. suffise / 20. permette / 21. donnez / 22. arriverais / 23. fasse / 24. comprenne

3

1. Il va travailler bien qu'il soit malade.
2. Elle jouait du piano pendant que son frère faisait une traduction.
3. Nous nous sommes ennuyés à cette soirée parce que nous ne connaissions personne.
4. Comme vous êtes restés trop longtemps au soleil, vous vous êtes brûlé la peau.
5. Michel a fait des progrès si bien que ses parents sont contents.
6. Michel fait des efforts afin que ses parents soient contents.
7. J'aimerais vivre dans ce pays à condition que le gouvernement change.
8. Nous ferons du camping pourvu qu'il fasse beau.
9. Elle est sortie sans que je l'aie entendue.
10. Tu devras patienter jusqu'à ce que je revienne.
11. Demande pardon à ton père avant qu'il t'interdise de sortir.
12. Elle est gentille avec tout le monde de sorte qu'elle est toujours très sollicitée (si bien qu'elle est toujours très sollicitée).

§ 52

Übungen (S. 139–141)

1

1. au / 2. dans / 3. à, au / 4. dans / 5. au, au / 6. au / 7. à /
8. à, dans / 9. dans le / 10. – / 11. aux / 12. – / 13. au / 14. à /
15. en / 16. à, dans / 17. en / 18. dans le, au / 19. au / 20. – / 21. en /
22. en, en / 23. dans / 24. en, à / 25. aux, aux / 26. d'ici / 27. dans /
28. en / 29. en / 30. aujourd'hui en huit

2

1. sur / 2. par / 3. près de / 4. dans / 5. de / 6. chez / 7. lors de /
8. auprès de / 9. malgré / 10. jusqu' / 11. à, à / 12. pour / 13. jusqu'à ce qu' /
14. jusqu'à / 15. à l'exception de / 16. à quelques détails près /
17. il y a une semaine / 18. de, à / 19. il y a / 20. avant / 21. avant /
22. il y a, avant / 23. devant / 24. récemment / 25. la veille de

3

1. dans / 2. dans / 3. à / 4. sur / 5. d'après / 6. dans / 7. sur /
8. du / 9. avec / 10. dans / 11. en / 12. sur / 13. dans / 14. sur /
15. sur / 16. sur / 17. pour / 18. dans / 19. dans, dans / 20. dans /
21. de / 22. en ce / 23. à / 24. dans / 25. sur / 26. à

13 Verben mit Infinitiv

§§ 53 – 56

Übungen (S. 152–154)

1

1. de / 2. – / 3. – / 4. à / 5. – / 6. à / 7. de / 8. de / 9. – / 10. – / 11. de / 12. –, de / 13. de / 14. d' / 15. – / 16. – / 17. de / 18. de / 19. à / 20. – / 21. à / 22. de / 23. à / 24. d' / 25. de / 26. – / 27. d' / 28. à / 29. –, de / 30. – / 31. d' / 32. – / 33. de / 34. de / 35. à / 36. d' / 37. de / 38. – / 39. – / 40. à / 41. à / 42. – / 43. à / 44. de / 45. – / 46. à / 47. à / 48. d' / 49. de / 50. de / 51. –, de / 52. à / 53. à / 54. à, – / 55. de / 56. à / 57. à / 58. de, – / 59. – / 60. à / 61. d' / 62. – / 63. à / 64. à / 65. à / 66. – / 67. – / 68. de / 69. à / 70. –, de

2

1. à / 2. – / 3. à, – / 4. de / 5. de / 6. de / 7. – / 8. à / 9. par / 10. d' / 11. de, – / 12. à / 13. à / 14. d' / 15. à / 16. à / 17. de / 18. à / 19. à / 20. à / 21. de / 22. par, par / 23. à / 24. – / 25. –, à / 26. de / 27. à / 28. – / 29. –, par / 30. de, à